손뜨개 인형의 모든 것

누구나 쉽게 배우는

손뜨개 인형의 모든 것

일본 손뜨개 인형 협회 지음 | 김수연 옮김

손뜨개 인형의 모든 것

발행일 2020년 9월 10일 초판 1쇄 발행
지은이 일본 손뜨개 인형 협회
옮긴이 김수연
발행인 강학경
발행처 시그마북스
마케팅 정제용
에디터 최연정, 장민정, 최윤정
디자인 김문배, 최희민

등록번호 제10-965호
주소 서울특별시 영등포구 양평로 22길 21 선유도코오롱디지털타워 A402호
전자우편 sigmabooks@spress.co.kr
홈페이지 http://www.sigmabooks.co.kr
전화 (02) 2062-5288~9
팩시밀리 (02) 323-4197
ISBN 979-11-90257-68-8 (13630)

작품 제작

あみぐるみの森 / あみもの工房k-knit / いちかわみゆき / イチゴチョコ / utata* / qupi / kumaneko / けろりん / SUNNY SUNDAY / shimami / すぷうんらんど / 武田浩子 / 田中家 / 釣谷京子 / happysmile / haru*maki / hitokoハウス / BULL / まめずぅや にゃん太郎。/ 丸二屋 / まるみ / みょうみょう*うるりっと / 村田寛之 / lemo

협찬

ハマナカ株式会社 / クロバー株式会社 / 内藤商事株式会社

AMIGURUMI NO GIHOUSHO
Copyright © Japan Amigurumi Association 2018
All rights reserved.
Originally published Japan by SEIBUNDO SHINKOSHA Publishing Co., LTD
Korean translation rights arranged with SEIBUNDO SEINKOSHA Publishing Co., Ltd
through CREEK & RIVER Co., Ltd. and CREEK & RIVER ENTERTAINMENT CO., Ltd

이 책의 한국어판 저작권은 크릭앤리버를 통해 저작권자와 독점 계약한 시그마북스에 있습니다.
저작권법에 따라 한국 내에서 보호를 받는 저작물이므로 무단전재와 무단복제를 금합니다.

이 도서의 국립중앙도서관 출판예정도서목록(CIP)은 서지정보유통지원시스템 홈페이지(http://seoji.nl.go.kr)와 국가자료종합목록 구축시스템(http://kolis-net.nl.go.kr)에서 이용하실 수 있습니다. (CIP제어번호 : CIP2020030806)

* 시그마북스는 ㈜ 시그마프레스의 자매회사로 일반 단행본 전문 출판사입니다.

시작하며

손뜨개 인형은 뜨개질 중에서 가장 독자적인 문화라고 할 수 있습니다.
입체적인 작품도 폭넓게 표현할 수 있다는 것이 가장 큰 장점입니다. 작고 귀여운 작품부터 굉장히 크고 복잡한 작품에 이르기까지 실 한 가닥만으로 완성해내는 창조성과, 실과 코바늘만 있으면 곧바로 시작할 수 있는 편이성도 있지요. 그런 이유로 시작하기 쉬우면서도 심오한 작품 세계를 즐길 수 있는 독자적인 문화로 자리 잡아 왔습니다.

물론 뜨개질 경험이 없는 사람은 진입 장벽이 높다는 생각에 쉽게 포기할 수도 있습니다. 반대로 뜨개질을 해본 사람은 편안하게 숭덩숭덩 뜰 수 있지요. 그래서 결과물에 있어서 개인차가 크기도 합니다.
완성도와 상관없이 오롯이 작품 자체를 즐길 수 있다는 점도 손뜨개 인형의 매력이긴 하지만, 이 책은 초보자와 중상급자 모두를 만족시킬 만한 내용들이 가득 수록되어 있습니다. 코바늘뜨기를 처음 접하는 사람이라면 코바늘뜨기 기초 중의 기초인 바늘 잡는 법부터 입체로 뜨는 방법, 편물의 표현, 조립 방법, 얼굴 만드는 방법 등 손뜨개 인형을 만들 때 필요한 일련의 테크닉을 상세하게 배울 수 있습니다. 또한 뜨개질을 할 수 있는 사람이라면 더욱 깔끔하게 마무리하는 테크닉과 나만의 인형을 만드는 요령 등을 배울 수 있습니다.
이 책을 벗 삼아 손뜨개 인형의 모든 것에 대해 알아보세요.

일본 손뜨개 인형 협회

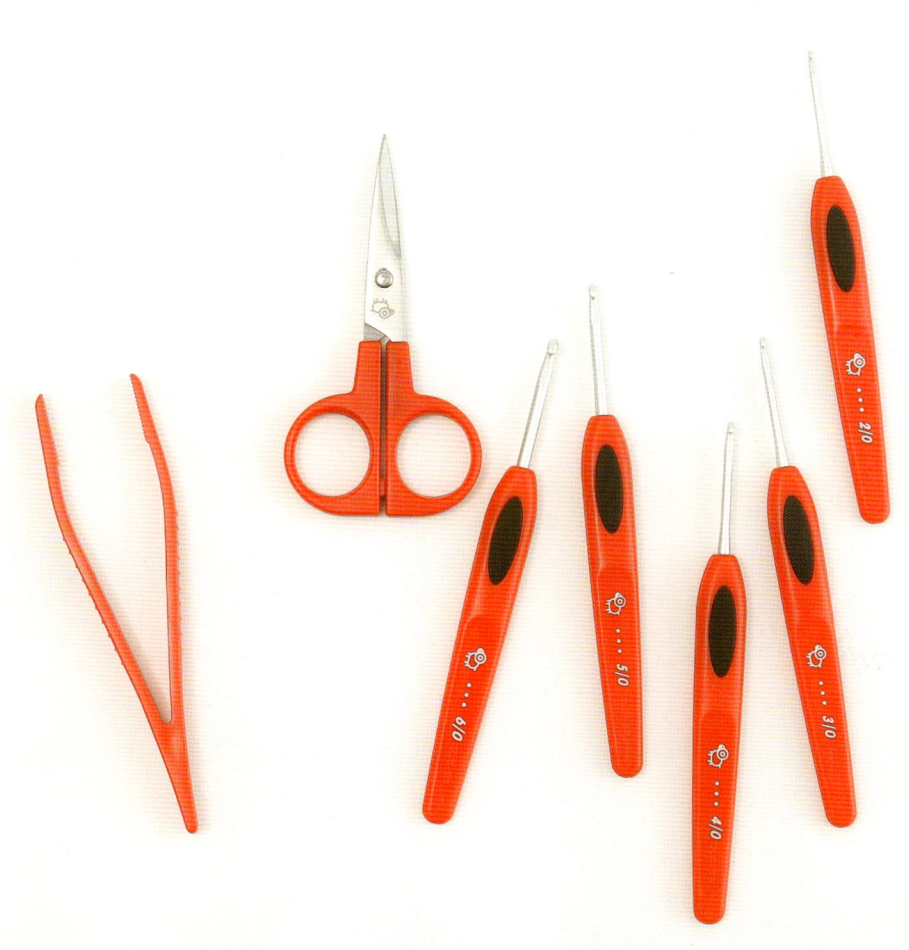

차례

시작하며 006

STEP 1
손뜨개 인형 만들기 준비하기

뜨개 도구 018
기본 도구 018 / 그 밖의 도구 019 / 코바늘의 굵기 020

뜨개 재료 022
실 022 / 눈·코 부자재 022 / 그 밖의 재료 023 / 소품 만들 때 필요한 재료 024

실의 굵기와 형태 025
실의 굵기 025 / 실의 형태와 소재 025

손뜨개 인형·편물 부분 명칭 026
손뜨개 인형 부분 명칭 026 / 편물 부분 명칭 027

뜨개도안 보는 법 028

게이지 이해하기 029

비스듬해지는 뜨개코 029

뜨개 기호표 030

STEP 2
손뜨개 인형 뜨개법 _ 시작하기

뜨개질을 시작하기 전에 032
원형뜨기 기초코(실 감아 원형코 만들기) 033
사슬뜨기 기초코 038
사슬뜨기 039
  Tip 사슬뜨기의 겉코와 안코 039
사슬뜨기로 원형코 만들기 040
타원뜨기 기초코 042
짧은뜨기 044
사슬로 만드는 짧은뜨기 045
왕복뜨기 046
긴뜨기 047
  Tip 기둥코 이해하기 048
한길긴뜨기 050
두길긴뜨기 052
빼뜨기 054
변형 짧은뜨기 055
되돌아 짧은뜨기 056
뒤짧은뜨기 057
줄기뜨기 058
앞줄기뜨기 059
앞걸어뜨기 060
뒤걸어뜨기 061
루프뜨기 062
피코뜨기 064
링뜨기 065
단을 감추면서 뜨는 가장자리뜨기 066
튀어나오게 뜨기 067
코 늘리기 068
  Tip 코 늘리기 개수 차이 068
코 줄이기 069
  Tip 코 줄이기 기호 070
걸러뜨기로 코 줄이기 071

COLUMN 072
코 늘리는 방법과 코 줄이는 방법의 차이 072 / 왼손잡이일 경우 072

STEP 3
손뜨개 인형 뜨개법 _ 응용하기

단이 바뀔 때 색 바꾸기 ················· 078
단 도중에 색 바꾸기 ··················· 079
배색뜨기 ···························· 080
   Tip 배색뜨기 안쪽 면 정리하기 081
걸러뜨기 ···························· 082
코 줍기 ····························· 083
벌린 입 만들기 ······················· 084
코 늘리기와 코 줄이기로 뜨는 구슬뜨기 ··· 086
코 줄이기로 발 만들기 ················· 089
신발뜨기로 발 만들기 ·················· 090
루프뜨기로 발 만들기 ·················· 092
손가락 뜨기 ·························· 093
맞대어 뜨기 ·························· 094
접어서 꿰매기 ························ 095
프린지 ······························ 096
   Tip 뜨개도안 만드는 방법 097
피코뜨기로 가장자리 프릴 만들기 ········ 098
모서리 각 잡기 ······················· 099
움푹하게 뜨기 ························ 100
비즈 넣어 뜨기 ······················· 101
   Tip 가는 실과 작은 비즈로 뜨는 섬세한 작품 102
끈 만들기 ···························· 103

기초부터 응용까지 활용하는 편물 패턴 ········ 105

STEP 4
손뜨개 인형 _ 조립하기

돗바늘에 실 꿰기 ····················· 118
돗바늘로 매듭 만들기 ················· 119
   Tip 꿰매기·감치기·잇기 120
꿰매어 잇기 ·························· 121
감침질로 연결하기 ···················· 122
평면끼리 감침질로 연결하기 ············ 125
이어 붙이기 ·························· 127
주머니 달기 ·························· 131
떠 넣기 ····························· 132
합체하기 ···························· 134
솜 채우기 ··························· 135
조여서 막기 ·························· 136
소리 나는 부자재 넣기 ················· 137
두꺼운 종이 넣기 ····················· 138
뚜껑 달기 ··························· 139
와이어 넣기 ·························· 140

STEP 5
손뜨개 인형 _ 정리하기와 마무리하기

정리하기 ⋯⋯⋯⋯⋯⋯⋯⋯⋯⋯⋯⋯⋯⋯⋯ 146
  코 막는 방법 ⋯⋯⋯⋯⋯⋯⋯⋯⋯⋯⋯ 146
  실 정리하기① 두 번 묶기 ⋯⋯⋯⋯⋯⋯ 150
  실 정리하기② 감싸면서 뜨기 ⋯⋯⋯⋯ 152
  실 끝 정리하기① 솜에 끼우기 ⋯⋯⋯⋯ 153
  실 끝 정리하기② 편물 안쪽에 끼우기 ⋯⋯⋯ 155
  실 끝 정리하기③ 편물에 여유가 없는 경우 ⋯ 156

마무리하기 ⋯⋯⋯⋯⋯⋯⋯⋯⋯⋯⋯⋯⋯ 157
  자수 시작하는 방법 ⋯⋯⋯⋯⋯⋯⋯⋯ 157
  자수 스티치의 종류 ⋯⋯⋯⋯⋯⋯⋯⋯ 158
  스트레이트 스티치 ⋯⋯⋯⋯⋯⋯⋯⋯⋯ 159
  플라이 스티치 ⋯⋯⋯⋯⋯⋯⋯⋯⋯⋯⋯ 160
  변형 플라이 스티치 : V자 ⋯⋯⋯⋯⋯⋯ 161
  러닝 스티치 ⋯⋯⋯⋯⋯⋯⋯⋯⋯⋯⋯⋯ 161
  레이지데이지 스티치 ⋯⋯⋯⋯⋯⋯⋯⋯ 162
  체인 스티치 ⋯⋯⋯⋯⋯⋯⋯⋯⋯⋯⋯⋯ 163
  백 스티치 ⋯⋯⋯⋯⋯⋯⋯⋯⋯⋯⋯⋯⋯ 164
  새틴 스티치 ⋯⋯⋯⋯⋯⋯⋯⋯⋯⋯⋯⋯ 165
  프렌치너트 스티치 ⋯⋯⋯⋯⋯⋯⋯⋯⋯ 166
  불리온 스티치 ⋯⋯⋯⋯⋯⋯⋯⋯⋯⋯⋯ 167
  눈·코 부자재 달기 ⋯⋯⋯⋯⋯⋯⋯⋯⋯ 168
  실 붙이기 ⋯⋯⋯⋯⋯⋯⋯⋯⋯⋯⋯⋯⋯ 169

머리카락 만들기 ⋯⋯⋯⋯⋯⋯⋯⋯⋯⋯ 170
  나누어 뜨기 ⋯⋯⋯⋯⋯⋯⋯⋯⋯⋯⋯⋯ 170
  헬멧 모양으로 떠서 달기 ⋯⋯⋯⋯⋯⋯ 170
  실 묶음으로 머리카락 만들기 ⋯⋯⋯⋯ 171
  포니테일 만들기 ⋯⋯⋯⋯⋯⋯⋯⋯⋯⋯ 172
  사과머리 만들기 ⋯⋯⋯⋯⋯⋯⋯⋯⋯⋯ 173
  따로뜨기로 머리카락 만들기 ⋯⋯⋯⋯⋯ 174
  프린지로 머리카락 만들기 ⋯⋯⋯⋯⋯⋯ 176
  자수 스티치로 머리카락 만들기 ⋯⋯⋯ 178
  자수 스티치로 볼터치하기 ⋯⋯⋯⋯⋯⋯ 179
    Tip 다른 재료로도 색을 입혀보자! 179
  펠트지 붙이기 ⋯⋯⋯⋯⋯⋯⋯⋯⋯⋯⋯ 179
  편물에 직접 칠하기 ⋯⋯⋯⋯⋯⋯⋯⋯ 180
  아크릴 펠트로 색 입히기 ⋯⋯⋯⋯⋯⋯ 180

손뜨개 소품 만들기 ⋯⋯⋯⋯⋯⋯⋯⋯⋯ 181
프레임 달기 : 붙이는 타입 182 / 프레임 달기 : 꿰매는 타입 183 / 커버 타입으로 만들기 184 / 지퍼 달기 185 / 안감 달기 187 / 금속 부자재 달기 : O링 188

STEP 6
손뜨개 인형 만들 때 포인트

얼굴 모양 정하기 ·· 190
　눈의 위치 ·· 190
　눈의 종류 ·· 190
　눈의 크기와 색상 ··· 191
　코와 입의 형태 바꾸기 ····································· 192
　귀의 형태 바꾸기 ··· 192

균형 맞추기와 몸통 색 바꾸기 ······················· 193
　머리와 몸 크기 조절하기 ································· 193
　몸통 색 바꾸기 ·· 193

　손뜨개 인형 만들기 Q&A ································ 194

STEP 7
손뜨개 인형 실제로 만들기

LESSON 1 _ 곰돌이 동전 지갑 ·························· 202
LESSON 2 _ 생쥐 인형 ······································ 214
LESSON 3 _ 프릴 스커트를 입은 소녀 ·············· 227

책에 나오는 편물의 뜨개도안 ···························· 236

찾아보기 ·· 239

손뜨개 인형 컬렉션 I

복슬복슬한 강아지 털을 그대로 재현한 강아지 인형입니다. 코끝과 귀는 편물 느낌을 그대로 살렸어요. 크고 동그란 눈을 달아 깜찍함을 더했습니다.

※ 모든 작품은 참고용입니다.

초롱초롱한 눈망울을 가진 귀여운 강아지 인형이에요. 머리와 손에 추가 들어 있어서 테이블이나 박스 모서리에 매달릴 수 있습니다.

아기 곰들이 눈 덮인 산을 오르고 있네요. 앙증맞고 귀여운 아기 곰들은 휴대폰 줄뿐만 아니라, 이렇게 스토리를 만들어 인테리어 소품으로 활용할 수도 있답니다.

1대1 비율을 자랑하는 아기 인형이에요. 강아지 인형도 아기 인형처럼 은은한 색감의 실로 떠서 포근한 느낌을 연출했습니다.

만화 속에서 튀어나온 듯한 사랑스러운 소녀들이에요. 눈과 입을 포함한 모든 부위를 코바늘뜨기 기법으로만 만들었어요.

웨딩드레스와 턱시도, 부케까지 정성 들여 만든 커플 인형입니다. 행복해 보이는 두 사람의 표정에 절로 미소가 지어지네요.

코끼리 인형에 옷을 입혀서 앉혀놓으면 더욱 깜찍하고 사랑스럽답니다.

STEP 1

손뜨개 인형 만들기 준비하기

뜨개 도구와 재료, 각 부위의 명칭, 뜨개도안 보는 법 등
손뜨개 인형을 만들 때 알아둬야 할
기본 사항들을 소개합니다.

뜨개 도구

기본 도구

실과 바늘을 준비해서 모든 뜨개법의 기본인 바늘 잡는 법과 실 거는 법부터 완벽하게 익혀두세요.

STEP 1

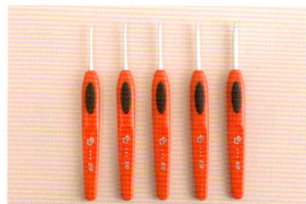

코바늘
코바늘은 일반적으로 2/0호부터 10/0호까지 있으며, 숫자가 클수록 바늘이 굵습니다. 10/0호보다 굵은 바늘은 '점보 코바늘'이라 부르며 mm 단위로 굵기를 표시합니다. 실의 굵기에 맞춰서 알맞은 바늘을 고릅니다 (자세한 사항은 20쪽 참조).

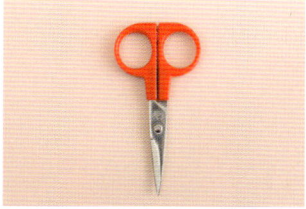

가위
주로 실이나 재료를 자를 때 사용합니다. 끝이 뾰족한 것이 편리합니다.

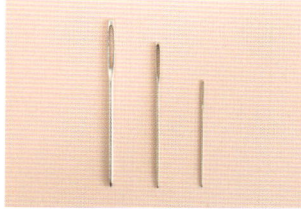

돗바늘
꿰매기, 잇기, 수놓기 등을 할 때 사용합니다. 털실의 굵기에 맞춰 돗바늘을 고릅니다.

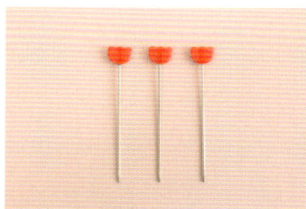

뜨개용 시침핀
인형의 각 부위를 연결할 때나, 감침질로 연결할 경우에 위치를 정해서 임시로 고정할 때 사용합니다. 일반 시침핀보다 바늘 끝이 더 둥글며, 튼튼하게 고정할 수 있도록 굵게 제작된 것이 특징입니다.

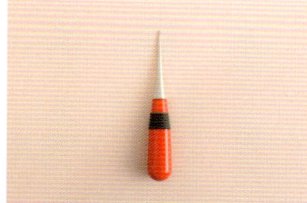

송곳
끼워 넣는 타입의 인형 부위를 붙일 때 편물에 구멍을 뚫거나 접착하기 위해 편물을 들어 올리는 용도로 사용합니다. 또한 솜을 채운 손뜨개 인형의 전체적인 형태를 잡을 때도 사용합니다.

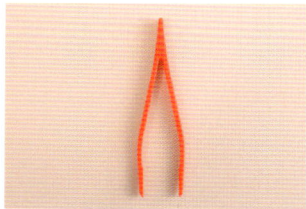

핀셋
팔처럼 가늘고 긴 부분이나 좁은 입구를 통해 솜을 넣을 때 사용합니다.

줄자
작품의 크기 및 게이지를 측정할 때 사용합니다.

강력 접착제
눈이나 코 부분을 달 때, 털실이나 펠트지 등을 붙일 때 사용합니다.

스팀다리미
편물이 둥글게 말렸거나 털실이 구불구불해졌을 때 스팀다리미로 다려주면 전체적으로 깔끔해집니다.

그 밖의 도구

작품에 따라 필요한 도구나 갖춰 두면 편리한 도구들을 소개합니다.

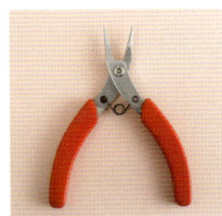

펜치
O링 등의 금속 부자재를 작품에 달거나 와이어를 구부릴 때 사용합니다.

가위(면도날 타입)
날 끝이 휘어져 있어서 편물을 손상시키지 않고 자를 수 있습니다.

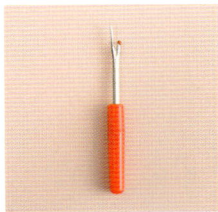

실뜯개
감침질한 부분을 뜯을 때 가위보다 더 쉽고 간편하게 자를 수 있습니다.

뜨개용 실 꿰기
돗바늘에 털실을 꿸 때 사용합니다. 이 도구를 사용하면 손쉽게 털실을 꿸 수 있습니다.

초크펜
펠트지를 자를 때나 인형의 각 부위를 서로 연결할 때 표시하기 위한 도구입니다.

단수링
단수와 콧수를 셀 때 표시하려는 부분의 뜨개코에 걸어서 사용합니다.

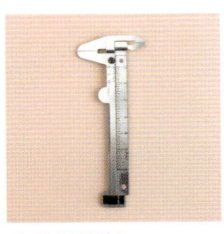

버니어캘리퍼스
눈, 코 등의 크기를 정확하게 측정할 수 있는 도구입니다.

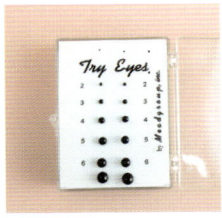

테스트용 인형눈 세트
크기가 다른 인형눈이 세트로 들어 있으며, 눈을 실제로 달기 전에 테스트해 볼 수 있습니다.

펠트용 바늘
양모 펠트(아크릴 펠트)를 편물에 달 때 사용합니다.

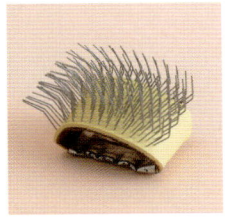

기모 브러시
편물을 금속 소재로 된 브러시의 끝부분으로, 빗어주면 보풀을 만들 수 있습니다.

폼폼메이커
폼폼을 손쉽고 깔끔하게 만들 수 있는 도구입니다.

수예용 송곳
뜨개질, 자수, 바느질 등에 사용하는 송곳으로, 끝부분이 일반 송곳보다 더 가늘고 뾰족합니다. 책에서는 구멍을 뚫을 때 사용합니다.

코바늘의 굵기

코바늘의 굵기는 호수에 따라 다릅니다. 표를 참고해서 사용할 실에 맞춰 알맞은 바늘을 고르세요.

호수 mm	코바늘(실물 크기)	사용할 실의 굵기※
2/0 · 2.0mm		극세
3/0 · 2.3mm		중세
4/0 · 2.5mm		중세 · 합태
5/0 · 3.0mm		
6/0 · 3.5mm		병태
7/0 · 4.0mm		
7.5/0 · 4.5mm		
8/0 · 5.0mm		극태
9/0 · 5.5mm		
10/0 · 6.0mm		극태 · 초극태

※ 실의 굵기는 표준입니다.

STEP 1

mm	점보 코바늘(실물 크기)	사용할 실의 굵기※
7mm	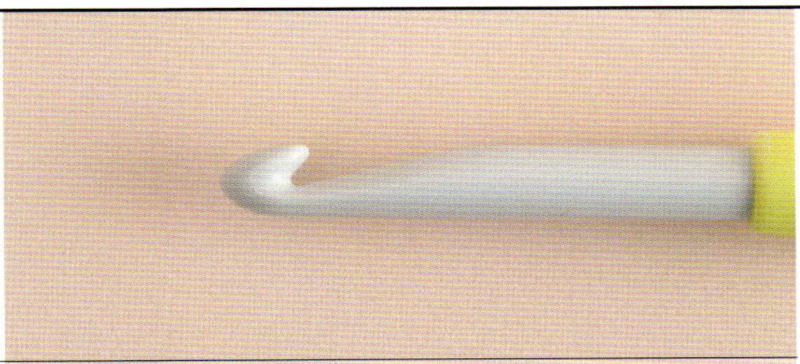	
8mm	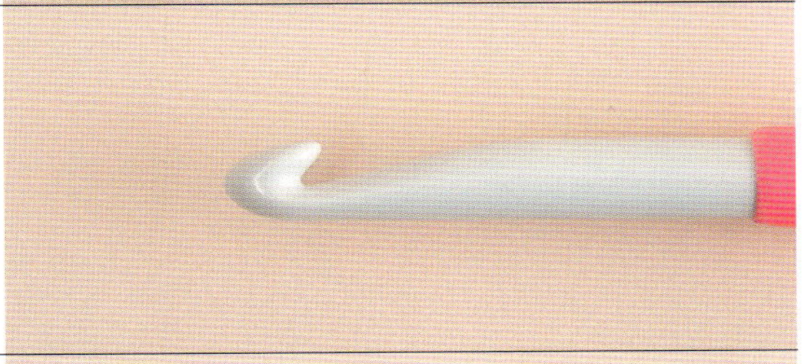	
10mm	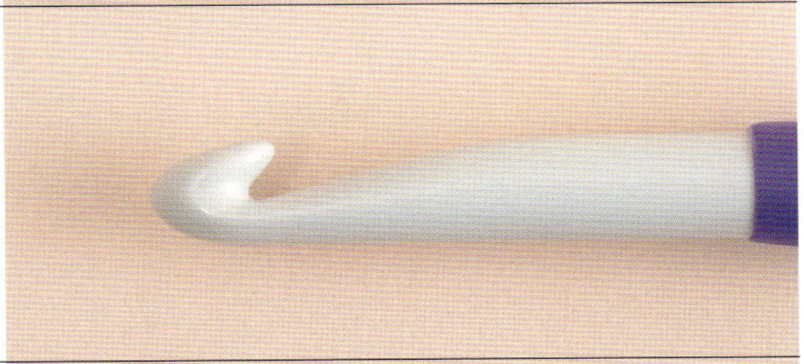	초극태
12mm	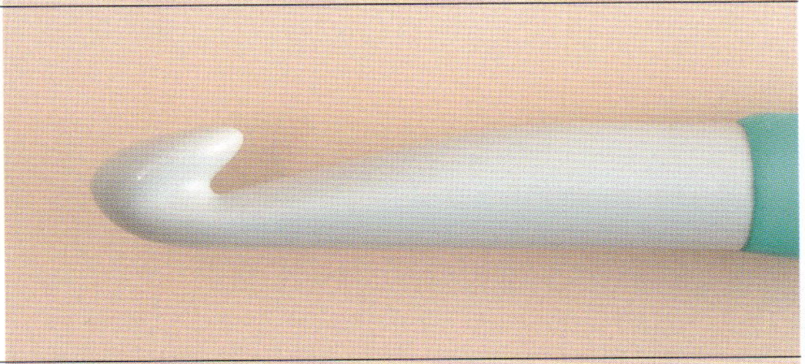	
15mm	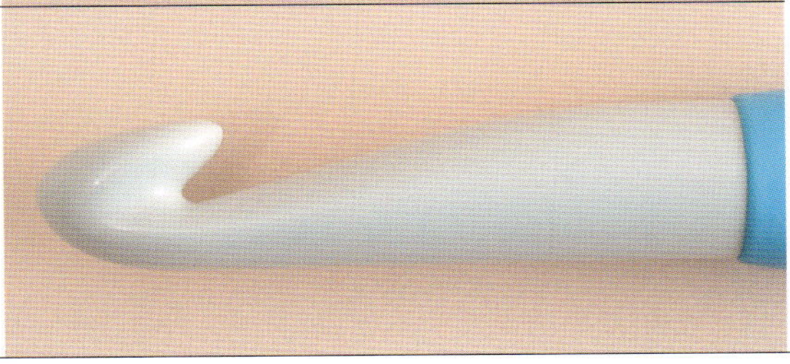	

※ 실의 굵기는 표준입니다.

뜨개 재료

실

손뜨개 인형을 만들 때 실은 필수입니다. 만들려는 손뜨개 인형의 크기나 사용할 부위에 맞는 실을 선택합니다.

STEP 1

털실
털실은 소재와 굵기가 다양합니다(자세한 사항은 25쪽 참조). 각각의 특성을 살려서 털실의 굵기에 맞는 코바늘을 선택해 뜹니다.

레이스 실
털실보다 더 가느다란 실로, 작은 손뜨개 인형을 만들 때나 수를 놓을 때 사용합니다.

자수 실
얼굴 등을 수놓을 때 털실보다 더 뚜렷하고 섬세하게 표현할 수 있습니다.

눈·코 부자재

눈이나 코를 만들 때 사용하는 재료로, 접착제나 실을 사용해서 답니다.

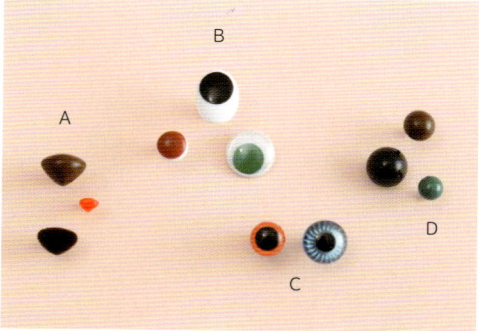

A 코
B 코믹한 인형눈
C 크리스털 인형눈
D 솔리드 인형눈

나사 타입 기둥 타입 단추 타입

끼워 넣는 타입 다리의 차이
편물에 끼워 넣어서 사용하는 부자재에는 3가지 다리 타입이 있습니다. 단추 타입 부자재의 경우에는 본드를 사용하지 않고 실로 꿰매서 답니다.

그 밖의 재료

손뜨개 인형을 만들 때 자주 사용하는 재료입니다.

구름솜
화학섬유로 만들어진 수예용 솜으로, 작은 사이즈의 손뜨개 인형에도 생각보다 솜이 많이 들어갑니다(채우는 방법은 135쪽 참조).

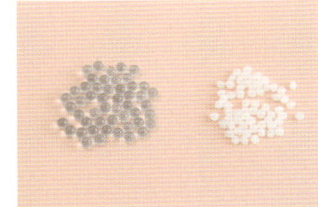

펠릿
인형에 무게감을 더하고 싶을 때나 앉은 자세를 만들 때 인형 속에 채워 넣는 재료입니다. 유리, 스테인리스, 레진 등 다양한 소재가 있습니다.

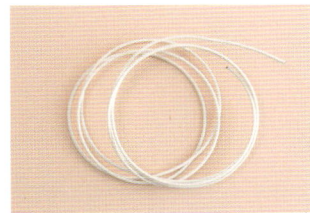

공예용 와이어
인형의 몸통이나 팔다리에 넣으면 다양한 포즈를 만들 수 있습니다(넣는 방법은 140쪽 참조). 각 부위의 사이즈에 맞는 굵기를 고릅니다.

펠트지
편물에 접착제로 붙이거나 감침질로 달아서 사용합니다.

아크릴 펠트
양모 펠트보다 더 쉽게 뭉칠 수 있는 아크릴 섬유 소재의 펠트입니다. 펠트용 바늘로 찔러서 뭉쳐서 사용합니다(사용법은 180쪽 참조).

비즈
실로 꿰매어 달 수도 있으며, 털실에 떠 넣으면 편물 안쪽에 비즈가 들어갑니다(떠 넣는 방법은 101쪽 참조).

단추
인형 얼굴에 꿰매 달아서 인형눈을 만들거나 장식용으로 사용합니다.

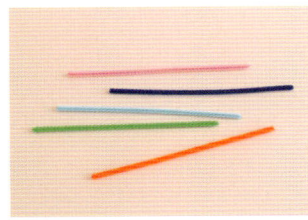

모루
속에 와이어가 들어 있으며, 장식용으로 사용합니다.

컬러솜
색과 모양이 다양하며, 주로 동물의 코를 만들거나 장식용으로 사용합니다.

STEP 1

STEP 1

두꺼운 종이
바닥을 튼튼하게 만들 때 바닥 크기에 맞게 잘라서 사용합니다(넣는 방법은 138쪽).

방울 딸랑이 · 삑삑이
인형 속에 넣어 만들면 흔들거나 눌렀을 때 소리가 납니다(넣는 방법은 137쪽).

소품 만들 때 필요한 재료

손뜨개 인형을 소품으로 만들 때 사용하는 대표적인 재료들을 정리했습니다.

지퍼
동전 지갑이나 카드 케이스 등을 만들 때 사용하는 것으로, 편물에 실로 감켜서 답니다 (다는 방법은 185쪽 참조).

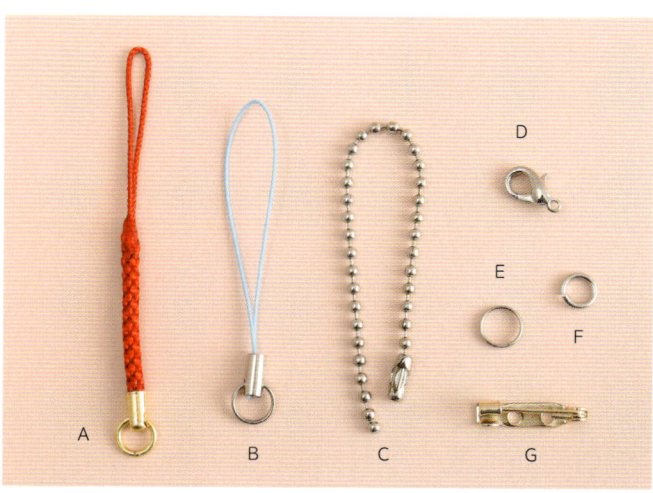

휴대폰 줄 · 체인 등
휴대폰 줄이나 액세서리를 만들 때 사용하는 금속 부자재입니다.

A 꼬임 휴대폰 줄
B 휴대폰 줄
C 볼 체인(군번줄)
D 장식고리
E 이중 O링
F O링
G 브로치 핀

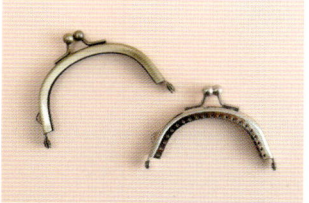

프레임
지갑이나 동전 지갑, 가방 등을 만들 때 사용합니다. 꿰매는 타입과 접착제로 붙이는 타입이 있습니다(다는 방법은 182쪽 참조).

실의 굵기와 형태

실의 굵기

손뜨개 인형을 만들 때 많이 사용하는 털실입니다. 굵기에 따라 코바늘을 바꿔 사용합니다.

실의 굵기	추천 바늘
극태	8/0 · 7/0
굵은 병태	6/0
가는 병태	5/0
합태	4/0
중세	3/0
극세	2/0

실의 형태와 소재

실에는 다음과 같이 다양한 형태가 있습니다. 각각 편물로 떴을 때 완성된 모습에 차이가 있으니 원하는 형태의 실을 찾아 사용하면 됩니다. 털실, 코튼(면), 리넨(마) 등 소재도 다양합니다.

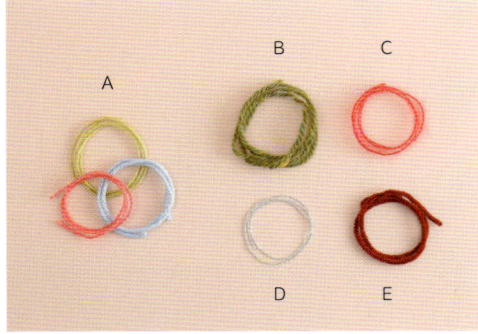

A 스트레이트 얀 / 뜨개코를 알아보기 쉬워서 초보자도 사용하기 편한 실입니다.
B 넵 얀 / 넵(마디나 장식 등)이 들어 있는 실로, 편물에 불규칙한 마디나 장식이 들어 있습니다.
C 모헤어 얀 / 포근하고 부드러운 보풀이 있는 실입니다. 원래는 앙고라(염소 털)가 원료이지만 아크릴 섬유로 된 실도 있습니다.
D 라메 실 / 반짝반짝 빛나는 편물이 생깁니다.
E 몰 얀 / 실 전체에 부드러운 촉감의 보풀이 나 있는 실로, 주로 굵기가 도톰합니다.
F 팬시 얀 / 종류와 색, 굵기 등이 다른 실을 조합해서 만든 실입니다. 넵이나 퍼(fur)가 들어가 있는 타입 외에도 다양한 타입이 있습니다.

손뜨개 인형 · 편물 부분 명칭

손뜨개 인형 부분 명칭

손뜨개 인형의 각 부위를 가리키는 명칭입니다.

STEP 1

편물 부분 명칭

만드는 방법에 나오는 편물의 각 부분을 가리키는 명칭입니다.

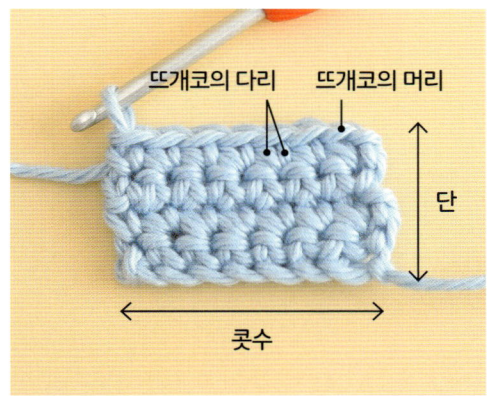

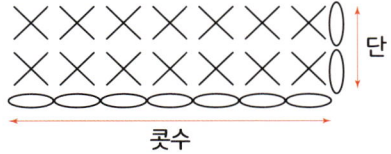

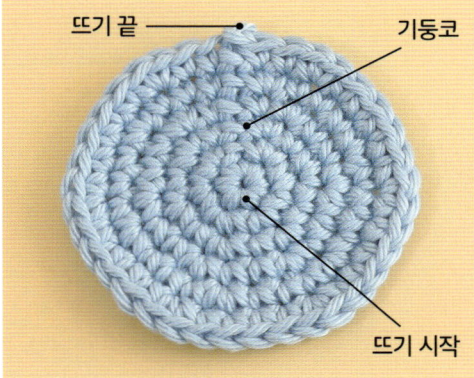

뜨개도안 보는 법

STEP 1

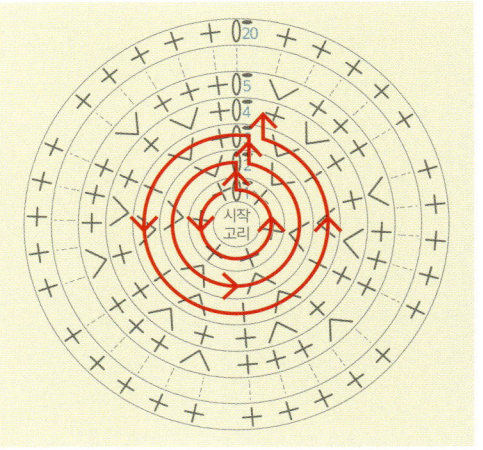

뜨개도안
원으로 된 중심이 뜨기 시작하는 부분이 되고, 선으로 1단마다 구분되어 있습니다. 한 단씩 기둥코 기호부터 시계 반대 방향으로 뜨개 기호를 확인하며 뜹니다.

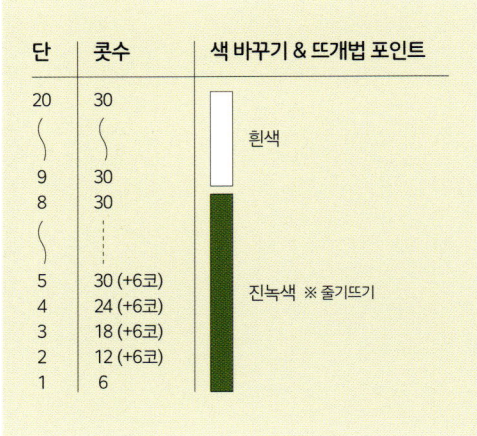

콧수표
각각 단의 콧수를 정리해둔 표입니다. 코를 증감하는 방법은 괄호 안에 적혀 있습니다. 뜨는 도중에 실 색상을 바꿔야 하는 경우에는 표의 오른쪽에 나와 있는 색을 참고해서 바꿔줍니다.

만드는 방법

① 뜨개도안을 참고해서 각 부위를 뜹니다.
② 머리에 솜을 채운 뒤 벌어진 부분을 꿰매서 조입니다.
③ 팔·다리에 와이어를 넣으면서 솜을 채운 뒤, 몸통에 감침질로 답니다.
④ 와이어를 한데 모아 정리한 뒤 몸통에 솜을 채웁니다.
⑤ 머리와 몸통을 감침질로 연결합니다.
⑥ 귀를 머리에 접어서 감치기로 달아줍니다.
⑦ 꼬리를 몸통 뒤쪽에 감침질로 달아줍니다.
⑧ 코와 입을 수놓습니다.
⑨ 솔리드 인형눈을 접착제로 붙입니다.

만드는 방법 설명
만드는 방법의 순서를 정리한 예시입니다.

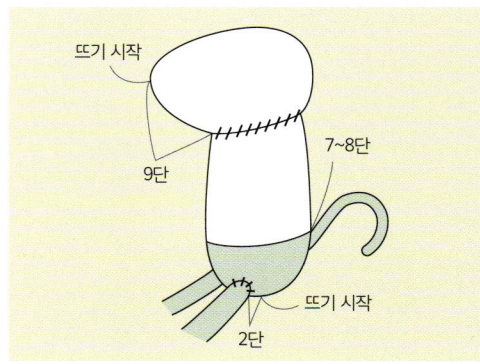

조립도안
인형의 각 부위를 조립하는 위치를 설명하고 있습니다.

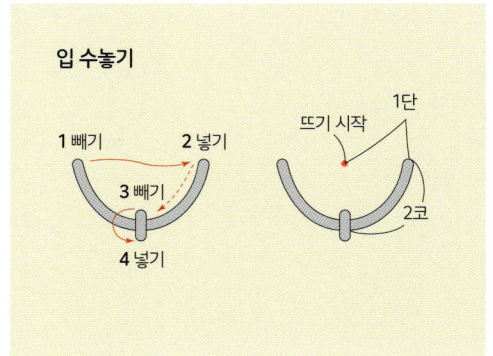

포인트 도안
자수 포인트 및 주의해야 할 점을 일러스트로 나타낸 도안입니다.

게이지 이해하기

빡빡하게 뜬 편물　　　　표준 손놀림으로 뜬 편물　　　　느슨하게 뜬 편물

게이지는 일정한 면적 안에 들어가는 뜨개코의 평균밀도로, 일반적으로 표시된 바늘로 떴을 때 가로 세로 10cm 안에 들어가는 콧수와 단수를 나타냅니다. 같은 작품이라도 뜨는 사람의 손놀림에 따라 크기가 달라질 수 있기 때문에 작품을 뜨기 전에 지정 호수로 게이지를 떠보는 것이 좋습니다. 직접 뜬 게이지가 견본 게이지보다 크다면 너무 느슨하게, 견본 게이지보다 작다면 너무 빡빡하게 뜬 것입니다. 그럴 경우에는 손놀림에 더욱 신경 써서 뜨거나 코바늘의 호수를 바꿔서 뜨도록 합니다.

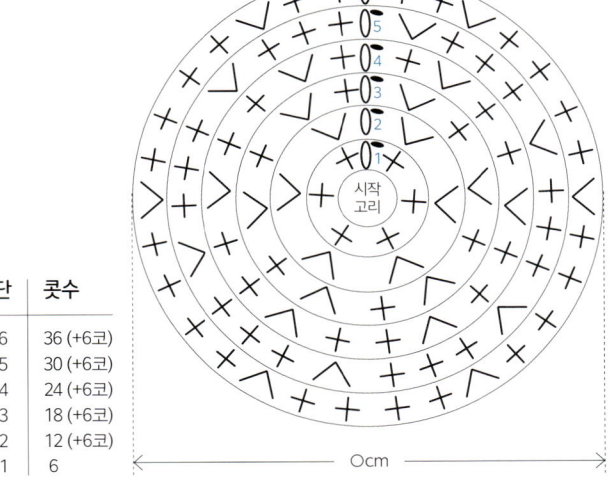

단	콧수
6	36 (+6코)
5	30 (+6코)
4	24 (+6코)
3	18 (+6코)
2	12 (+6코)
1	6

비스듬해지는 뜨개코

원형뜨기로 코바늘뜨기를 진행하다 보면 기둥코 부분이 조금씩 오른쪽으로 기울어지게 됩니다. 이것은 코바늘뜨기의 성질상, 뜨개코의 머리와 다리가 수직이 되지 않고 약간 비스듬해지기 때문에 발생하는 자연스러운 현상입니다. 실을 잡아당길 때의 손놀림에 따라 비스듬해지는 정도에는 개인차가 있으나, 그 각도는 평균적으로 수직에 비해 10도 안팎입니다. 그보다 더 많이 기울거나 그와는 반대로 왼쪽으로 비스듬하게 기울어져 있다면 기둥코를 잘못 만든 건 아닌지 48쪽을 참조해서 다시 한번 확인해보세요.

뜨개 기호표

○	사슬뜨기 → 39쪽
+ ×	짧은뜨기 → 44쪽
T	긴뜨기 → 47쪽
⊤	한길긴뜨기 → 50쪽
⫪	두길긴뜨기 → 52쪽
⫫	세길긴뜨기 코바늘에 실을 3번 감고 나서 한길긴뜨기를 뜬다.
⫫	감아뜨기 코바늘에 지정 횟수만큼 실을 감은 뒤, 앞단의 뜨개코에서 실을 끌어낸다. 한 번 더 바늘에 실을 걸어 감았던 실을 통과시킨다. 다시 한번 바늘에 실을 건 뒤, 바늘에 걸려 있는 고리 2개 사이로 실을 빼낸다.
●	빼뜨기 → 54쪽
⫪ ⫻	되돌아 짧은뜨기 → 56쪽
± ẋ	짧은뜨기의 줄기뜨기 → 58쪽
Ţ	긴뜨기의 줄기뜨기 → 58쪽
Ţ	한길긴뜨기의 줄기뜨기 → 58쪽
±	짧은뜨기의 이랑뜨기 줄기뜨기와 뜨는 방법은 같지만 왕복으로 뜨면 줄기 모양이 겉과 안에 번갈아 나와서 이랑 모양이 된다.
ξ ⎎	짧은뜨기 앞걸어뜨기 → 60쪽
ʃ	긴뜨기 앞걸어뜨기 → 60쪽
ʃ	한길긴뜨기 앞걸어뜨기 → 60쪽
ʇ ⎈	짧은뜨기 뒤걸어뜨기 → 61쪽
ʅ	긴뜨기 뒤걸어뜨기 → 61쪽
ʅ	한길긴뜨기 뒤걸어뜨기 → 61쪽
⊎ ⊠	짧은뜨기의 링뜨기 → 65쪽
∨ ⊹ ⩔	짧은뜨기 2코 늘려뜨기 → 68쪽
∨³ ⊹ ⩔	짧은뜨기 3코 늘려뜨기 → 68쪽
V	긴뜨기 2코 늘려뜨기 뜨는 방법은 긴뜨기와 동일. 앞단의 같은 코에 긴뜨기를 2코 떠 넣는다.
V	긴뜨기 3코 늘려뜨기 뜨는 방법은 긴뜨기와 동일. 앞단의 같은 코에 긴뜨기를 3코 떠 넣는다.
V	한길긴뜨기 2코 늘려뜨기 뜨는 방법은 한길긴뜨기와 동일. 앞단의 같은 코에 한길긴뜨기를 2코 떠 넣는다.
W	한길긴뜨기 3코 늘려뜨기 뜨는 방법은 한길긴뜨기와 동일. 앞단의 같은 코에 한길긴뜨기를 3코 떠 넣는다.
W	한길긴뜨기 3코 늘려뜨기(묶음으로 줍기) 앞단의 코를 묶음으로 주운 뒤, 같은 코에 한길긴뜨기를 3코 떠 넣는다.
∧ ⊹ ⩓	짧은뜨기 2코 모아뜨기 → 69쪽
∧³ ⊹ ⩓	짧은뜨기 3코 모아뜨기 → 70쪽
∧	긴뜨기 2코 모아뜨기 → 70쪽
⩓	긴뜨기 3코 모아뜨기 → 70쪽
A	한길긴뜨기 2코 모아뜨기 → 70쪽
A	한길긴뜨기 3코 모아뜨기 → 70쪽
⬭	긴뜨기 3코 구슬뜨기 앞단의 같은 코에 긴뜨기의 미완성의 코를 3코 떠 넣은 뒤, 마지막에 바늘에 걸려 있는 고리를 한 번에 빼낸다.
⬭	한길긴뜨기 3코 구슬뜨기 앞단의 같은 코에 한길긴뜨기의 미완성의 코를 3코 떠 넣은 뒤, 마지막에 바늘에 걸려 있는 고리를 한 번에 빼낸다.
⌒	사슬뜨기로 잇기 → 146쪽

STEP 2

손뜨개 인형 뜨개법 _ 시작하기

코바늘 잡는 법, 실 거는 법, 기초코 등을 비롯한
손뜨개 인형을 만들 때 사용하는
기본적인 뜨개법을 소개합니다.

뜨개질을 시작하기 전에

실과 바늘을 준비해 모든 뜨개법의 기본인 바늘 잡는 법과
실 거는 법부터 연습해보세요.

STEP 2

▶ **실 끝 빼내는 법**

실타래의 중심에서 실 끝을 찾아 밖으로 빼내서 사용합니다. 레이스
실이나 여름 실처럼 잘 풀리는 실은 바깥쪽부터 사용해도 됩니다.

▶ **바늘 잡는 법**

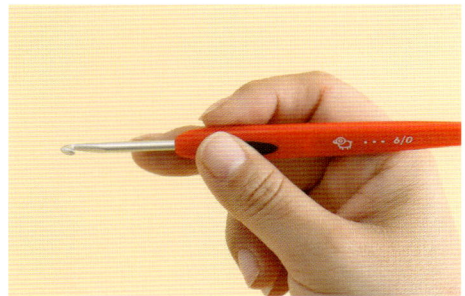

엄지손가락과 집게손가락으로 손잡이 부분을 잡고 가운뎃손가락
으로 바늘을 살포시 받쳐 줍니다.

▶ **실 거는 법**

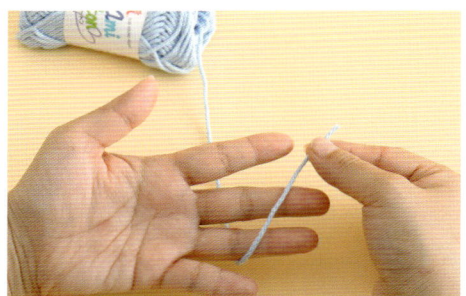

1 실 끝을 오른손으로 잡고 왼손 새끼손가락과 넷째 손가락
사이로 실을 빼냅니다.

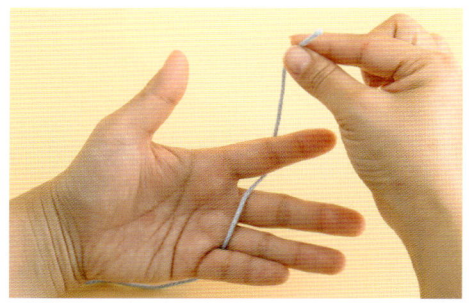

2 그 상태에서 집게손가락의 뒤에서 앞으로 실이 지나가도
록 해서 집게손가락에 실을 걸칩니다.

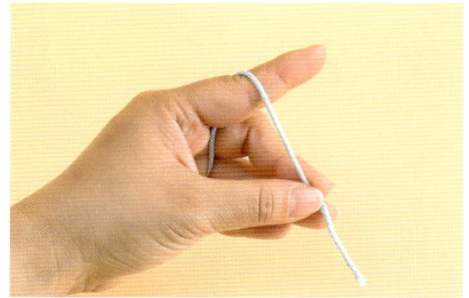

3 실 끝에서 5cm 정도 되는 부분을 엄지손가락과 가운뎃
손가락으로 잡은 뒤, 집게손가락을 세워서 실을 팽팽하게
합니다.

왼손잡이라면 반대로 해야
하는데, 72쪽을 참고하세요.

원형뜨기 기초코 : 실 감아 원형코 만들기

손뜨개 인형의 각 부위를 만들 때 가장 많이 사용하는 기초코로 실을 감아서 합니다.
여기서는 만드는 방법을 짧은뜨기(→44쪽)로 예로 들어 설명합니다.

STEP 2

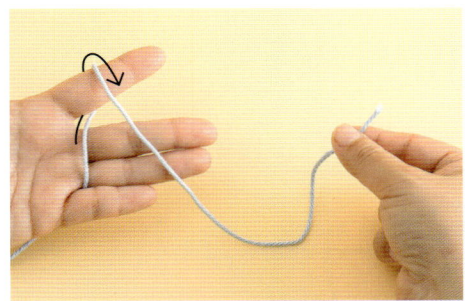

1 실 끝에서 40cm 정도 되는 부분을 새끼손가락에 끼운 뒤, 실 거는 법(→32쪽) 1~2와 같은 요령으로 손가락에 실을 겁니다.

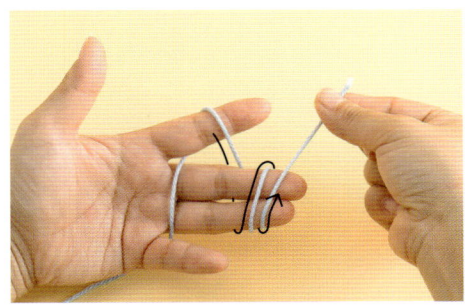

2 넷째 손가락과 가운뎃손가락을 붙인 상태에서 실을 두 번 감습니다.

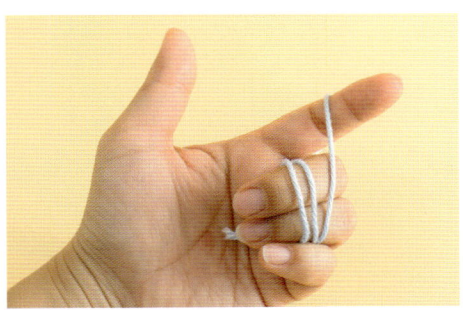

3 실 끝을 새끼손가락과 넷째 손가락 사이에 끼우고 가운뎃손가락과 넷째 손가락, 새끼손가락을 가볍게 구부립니다.

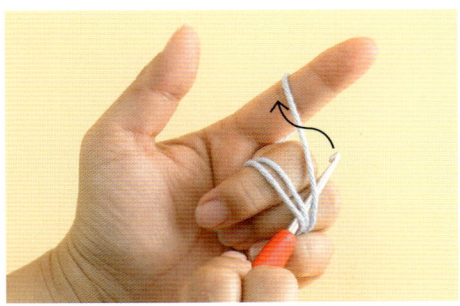

4 사진처럼 두 겹으로 된 고리 속에 바늘을 넣습니다.

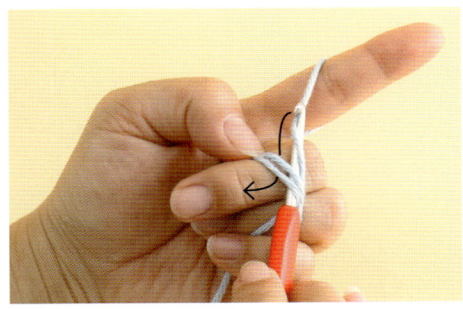

5 집게손가락에 걸려 있는 실을 바늘에 겁니다.

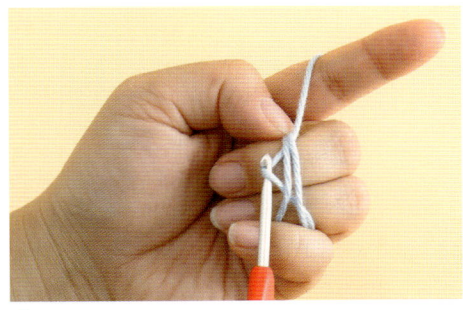

6 두 겹의 고리 아래로 실을 끌어냅니다.

STEP 2

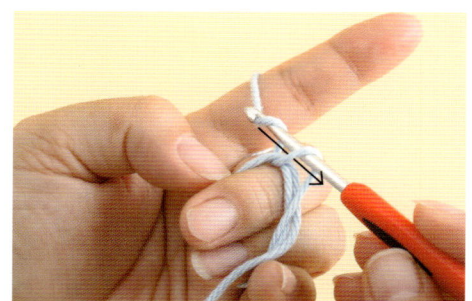

▶ 1단

7 뜨개도안의 시작 고리 부분이 생긴 상태입니다.

8 7의 화살표처럼 바늘에 실을 건 뒤, 고리 속을 지나가게 해서 바늘을 끌어냅니다.

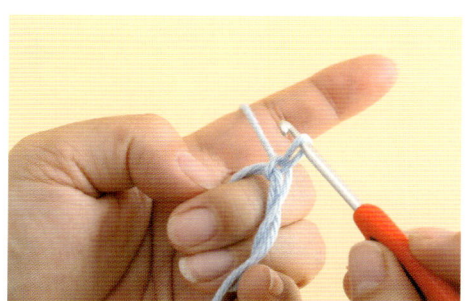

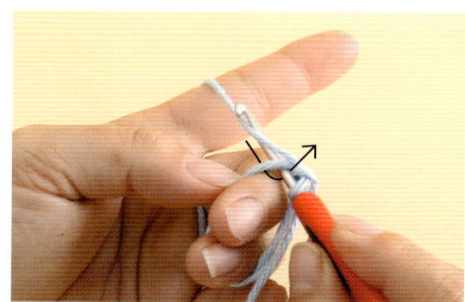

9 사슬 1코로 기둥코를 만든 모습입니다.

10 4와 같은 요령으로 두 겹의 고리 속에 바늘을 넣은 뒤, 집게손가락에 걸려 있는 실을 바늘에 겁니다.

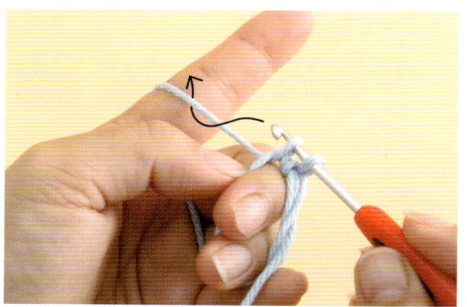

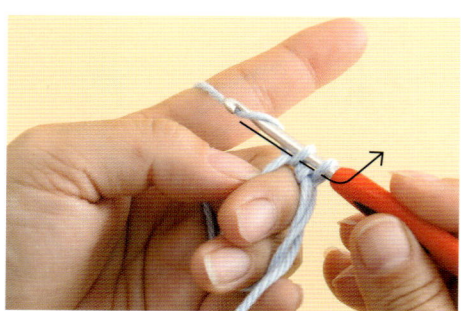

11 그 상태에서 실을 두 겹의 고리 속으로 끌어내면 바늘에는 고리 2개가 걸려 있게 됩니다.

12 계속해서 한 번 더 집게손가락에 걸려 있는 실을 바늘에 겁니다.

13 바늘에 걸려 있는 고리 2개 속으로 실을 빼내서 짧은뜨기 1코를 완성합니다.

14 과정을 되풀이해서 1단에 필요한 콧수만큼 짧은뜨기를 뜹니다.

▶ 고리 조이기

15 바늘에 걸려 있는 고리를 잡아당겨서 길게 늘려 둡니다.

16 바늘을 뺍니다(이 과정을 '실을 쉬어둔다'고 합니다). 쉬어둔 고리는 오른쪽 아래로 오게 해서 뜨개질한 부분을 왼손으로 잡습니다.

움직이는 고리

17 실 끝을 살짝 잡아당겨 고리 2개 중 어느 쪽 고리가 움직이는지 확인합니다.

18 움직이는 고리의 실 끝 쪽을 잡고 천천히 잡아당깁니다.
※ 쉬어둔 고리 쪽은 잡아당기지 않습니다.

STEP 2

19 시계 방향(화살표 방향)으로 고리를 잡아당깁니다.

20 고리의 중심 부분이 완전히 조여질 때까지 잡아당깁니다.

21 이번에는 실 끝을 잡아당겨서 남은 고리를 완전히 조입니다. 원형뜨기 기초코를 완성한 모습입니다.

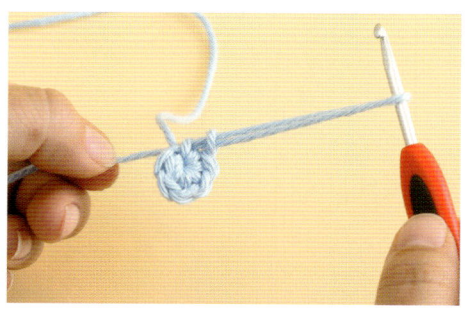

22 15에서 쉬어두었던 고리에 바늘을 옮겨 넣습니다.

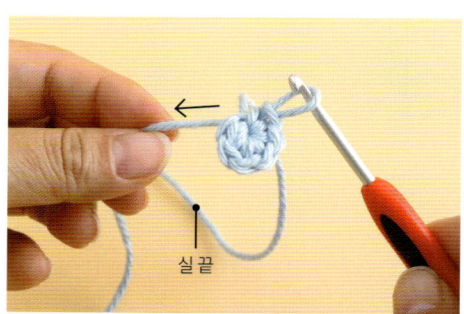

23 실타래에서 나와 있는 쪽의 실을 잡아당겨 고리를 줄입니다.

24 바늘을 고리에 올바르게 옮겼는지 확인하는데, 집게손가락에 걸친 움직이는 실이 바늘 앞쪽에 와 있어야 합니다.
※ 바늘 뒤쪽에 있는 실이 움직인다면 바늘을 다시 올바르게 옮깁니다.

▶ 단의 마무리 빼뜨기

25 첫 번째 코의 짧은뜨기 뜨개코의 머리 두 가닥을 줍습니다.

26 바늘에 실을 겁니다.

27 25 뜨개코의 머리와 바늘에 걸려 있는 고리 속으로 한 번에 통과시켜서 빼냅니다.(→54쪽 빼뜨기)

28 1단을 뜬 모습입니다.

29 2단 이후부터 단의 시작 부분에는 사슬뜨기를 1코 떠서 기둥코를 만듭니다(→48쪽 기둥코).

30 3단의 첫 번째 코를 뜬 모습으로, 기둥코가 없으면 소용돌이 모양의 편물(→48쪽)이 됩니다.

사슬뜨기 기초코

사슬뜨기를 할 때 만드는 기초코로, 코바늘 손뜨개의 바탕이 됩니다.

STEP 2

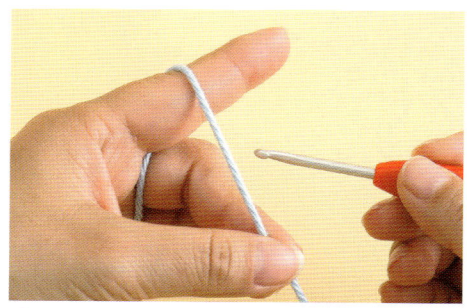

1 실 거는 법(→32쪽)을 참고해서 왼손에 실을 건 뒤, 오른손으로 바늘을 잡습니다.

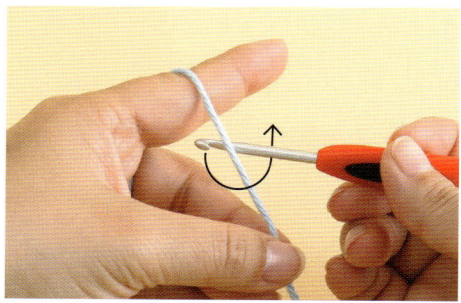

2 실 뒤쪽에 바늘을 댑니다.

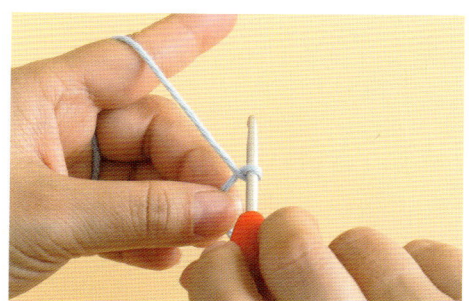

3 실을 앞쪽으로 잡아당기듯이 해서 바늘을 아래쪽에서 뒤쪽으로 돌려서 고리를 만듭니다.

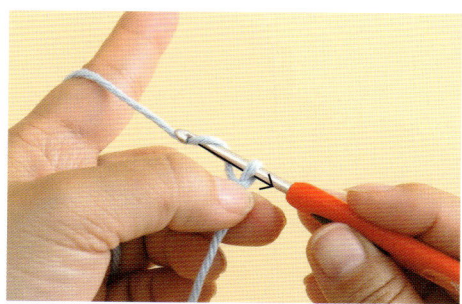

4 교차시킨 부분을 엄지손가락과 가운뎃손가락으로 눌러서 잡은 뒤, 바늘에 실을 겁니다.

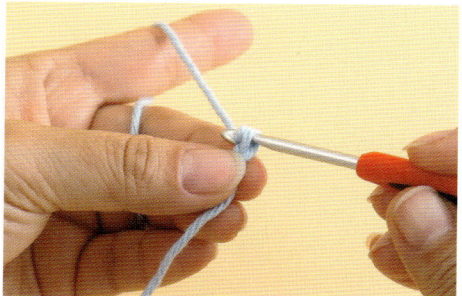

5 바늘에 걸려 있는 고리 속으로 통과하도록 실을 끌어냅니다.

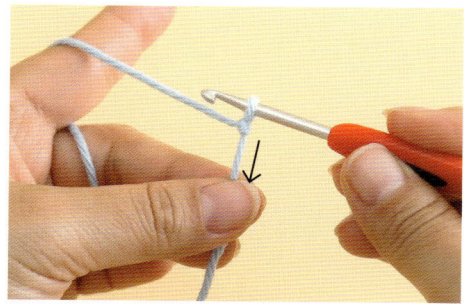

6 실 끝을 잡아당겨서 고리를 조이면 기초코가 생깁니다(이 기초코는 콧수로 포함하지 않습니다).

사슬뜨기 ⭕

왕복뜨기나 타원뜨기, 튀어나오게 뜨기의 기초코를 만들 때 사용하는 뜨개법입니다. 짧은뜨기 등으로 다음 단을 세워 올릴 때(→48쪽)도 사용합니다.

STEP 2

1 기초코를 꽉 잡고 있는 상태에서 바늘에 실을 겁니다.

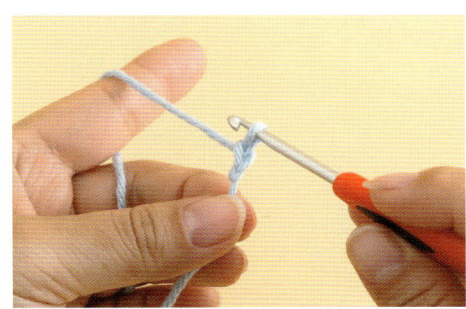

2 실을 끌어냅니다. 사진은 사슬뜨기를 1코 뜬 모습으로, 이 과정을 반복해서 필요한 콧수만큼 뜹니다.

Tip 사슬뜨기의 겉코와 안코

사슬뜨기에는 겉코와 안코가 있습니다. 사슬뜨기를 기초코로 뜨기 시작하거나 사슬뜨기에 코를 떠 넣을 경우, 겉코를 주울지 안코를 주울지 사슬을 갈라서 떠 넣을지에 따라 완성된 모습이 달라집니다. 그렇기 때문에 만드는 방법에 나와 있는 지시를 따르는 것이 좋습니다. 다음 사진을 참고해서 겉코와 안코의 차이를 확실하게 알아두세요.

겉코 — 뜨개코의 머리

안코 — 사슬코 산

사슬뜨기로 원형코 만들기

사슬뜨기로 기초코를 만든 뒤 원형으로 만들어서 기초코로 사용하는 뜨개법입니다.
뜨기 시작 부분에 구멍을 만들 때 사용합니다.

STEP 2

1 원형코의 중심이 될 콧수만큼 사슬뜨기를 합니다. 여기서는 6코를 뜹니다.

2 빼뜨기는 첫 번째 코로 합니다. 이때 반코와 사슬코 산의 두 가닥을 줍습니다.

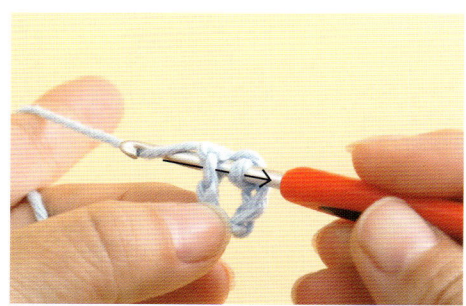

3 바늘에 실을 걸어서 빼냅니다.

4 사슬뜨기로 원형코를 만든 모습입니다.

▶ **1단 뜨기**

5 사슬 1코로 기둥코를 만듭니다.

6 고리 속에 바늘을 넣습니다.

7 바늘에 실을 겁니다.

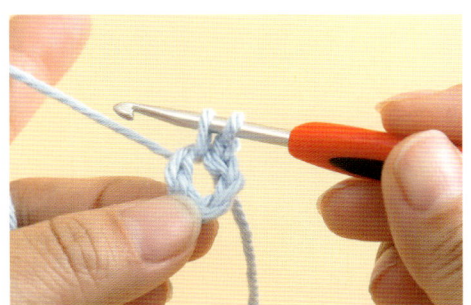

8 그대로 고리 속으로 끌어냅니다.

9 한 번 더 바늘에 실을 겁니다.

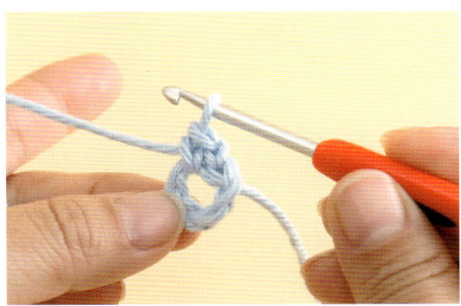

10 바늘에 걸려 있는 고리 2개 속으로 실을 빼내서 짧은뜨기 1코를 완성합니다.

11 같은 요령으로 1단을 뜨개도안에 기재된 콧수만큼 뜹니다. 마지막은 빼뜨기(→54쪽)를 합니다.

STEP 2 손뜨개 인형 뜨개법 _ 시작하기   041

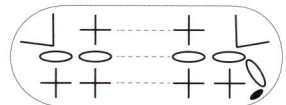

타원뜨기 기초코

타원으로 만들고 싶은 경우에는 사슬뜨기 기초코로 코를 만든 뒤에 양쪽에 코 늘리기를 해서 편물을 만듭니다.

STEP 2

1 필요한 콧수 분량만큼 사슬뜨기를 한 뒤(여기서는 5코), 이어서 사슬 1코로 기둥코를 만듭니다.

2 기초코를 뒤집고 끝에서 두 번째에 있는 사슬코 산에 바늘을 넣은 뒤, 짧은뜨기(→44쪽) 1코를 떠 넣습니다.

3 2와 같은 코에 짧은뜨기를 1코 더 떠 넣습니다. 사진은 짧은뜨기 2코 늘려뜨기의 코 늘리기를 한 모습입니다.

4 3의 상태에서 각 사슬코 산에 짧은뜨기를 1코씩 모두 3코를 뜹니다.

5 끝에는 짧은뜨기를 2코 뜹니다. 사진은 끝에 있는 사슬코 산에 바늘을 넣은 모습입니다.

6 기초코 끝에 2코 떠 넣은 상태입니다.

7 편물을 180도 회전시킵니다. 기초코의 머리 쪽을 주워서 6과 같은 코에 짧은뜨기를 1코 더 뜹니다.

8 5~7에서 끝코에 짧은뜨기를 3코 떠 넣은 모습입니다.

9 뜨개코의 머리를 주우면서 짧은뜨기를 1코씩, 모두 3코를 뜹니다.

10 마지막 1코를 뜨면 양쪽 끝코에는 3코씩 들어간 상태가 됩니다.

11 맨 처음 짧은뜨기 코의 머리 두 가닥에 바늘을 넣고 빼뜨기(→54쪽)를 합니다.

12 타원뜨기 기초코로 1단을 뜬 모습입니다.

STEP 2 손뜨개 인형 뜨개법 _ 시작하기   043

짧은뜨기

손뜨개 인형을 만들 때 가장 기본이 되는 뜨개법입니다.

STEP 2

1 원형뜨기 기초코(33쪽) 또는 사슬뜨기로 원형코 만들기(→40쪽)로 코를 만든 뒤, 사슬뜨기 1코로 기둥코를 만듭니다.

2 뜨개코의 머리 두 가닥을 주워서 바늘을 넣습니다.

3 바늘에 실을 겁니다.

4 3에서 걸어둔 실을 끌어내고, 바늘에 걸려 있는 고리 2개가 서로 같은 높이가 되도록 합니다.

5 한 번 더 바늘에 실을 건 뒤, 고리 2개 속으로 실을 한 번에 빼냅니다.

6 짧은뜨기를 1코 뜬 모습입니다.

사슬로 만드는 짧은뜨기

사슬뜨기 기초코로 코를 만들고 나서 짧은뜨기(→44쪽)를 합니다.
평면으로 편물을 만들 때 사용하는 방법입니다.

1 사슬뜨기 기초코(→38쪽)로 코를 만든 뒤, 사슬 1코로 기둥코를 만듭니다. 첫 번째 코의 사슬코 산에 바늘을 넣습니다.

2 바늘에 실을 겁니다.

3 2의 실을 끌어냅니다.

4 한 번 더 바늘에 실을 겁니다.

5 바늘에 걸려 있는 고리 2개 속으로 실을 한 번에 빼내서 짧은뜨기 1코를 완성합니다.

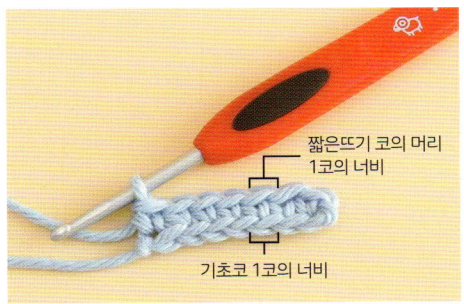

6 1단 뜬 모습입니다. 너무 빡빡하지도 느슨하지도 않게 뜨면 사슬뜨기 기초코 1코와 짧은뜨기 코의 머리 1코의 크기가 같아집니다.

왕복뜨기

평면을 뜰 때는 1단을 뜨고 나면 편물을 뒤집어서 다음 단을 뜨는 과정을 반복합니다.
여기서는 짧은뜨기(→44쪽)를 예로 들어 설명합니다.

STEP 2

1 1단을 마지막까지 뜬 모습입니다.

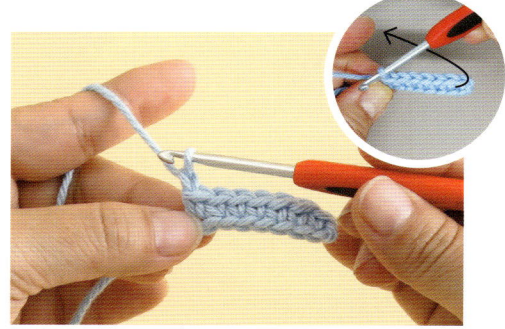

2 사슬뜨기 1코로 기둥코를 만듭니다. 오른쪽 위에 있는 사진처럼 편물을 시계 반대 방향으로 180도 회전시킵니다.

3 편물을 회전시킨 모습입니다. 기둥코가 오른쪽으로 오게 됩니다.

4 뜨개코의 머리 두 가닥을 주워서 짧은뜨기(→44쪽)를 합니다.

5 2단의 마지막 코를 뜨고 있는 상태입니다.

6 2단을 모두 뜬 모습입니다. 이 과정을 계속 반복해서 뜹니다.

긴뜨기

짧은뜨기보다 1단의 높이가 더 높아지는 뜨개법입니다.
기둥코는 사슬 2코로 뜨는데, 이 기둥코는 1코로 셉니다.

1 바늘에 실을 겁니다.

2 1의 실이 걸려 있는 상태에서 뜨개코의 머리에 바늘을 넣습니다.

3 바늘에 실을 겁니다.

4 3의 실을 끌어내면 바늘에 고리 3개가 걸려 있는 상태가 됩니다.

5 계속해서 한 번 더 바늘에 실을 겁니다.

6 바늘에 걸려 있는 고리 3개 속으로 실을 한 번에 빼내서 긴뜨기를 완성합니다.

Tip 기둥코 이해하기

기둥코는 단의 맨 처음에 그 단 뜨개코의 높이와 같은 치수로 뜨는 사슬뜨기코를 말합니다. 손뜨개 인형을 만들 때 반드시 알아둬야 할 용어입니다.

STEP 2

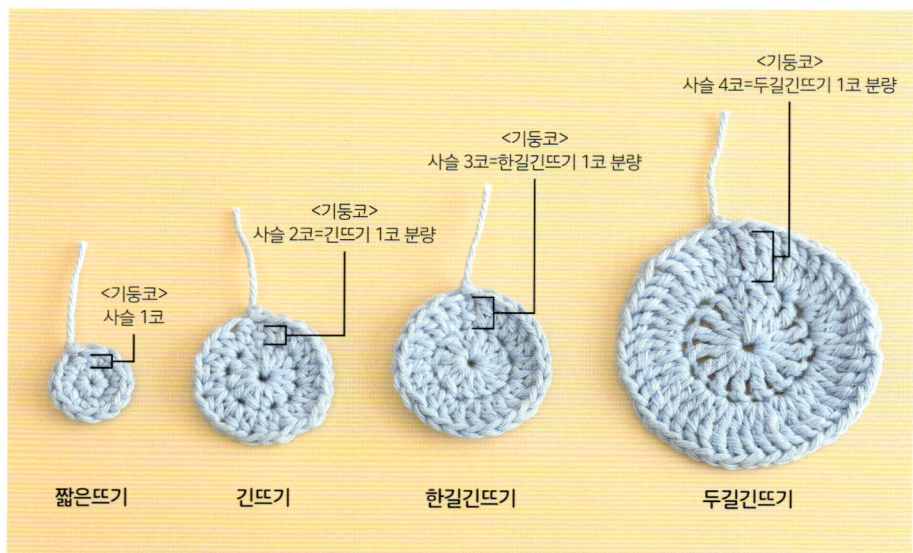

짧은뜨기 / 긴뜨기 / 한길긴뜨기 / 두길긴뜨기

<기둥코> 사슬 1코
<기둥코> 사슬 2코=긴뜨기 1코 분량
<기둥코> 사슬 3코=한길긴뜨기 1코 분량
<기둥코> 사슬 4코=두길긴뜨기 1코 분량

뜨개코의 높이는 뜨개법에 따라 달라집니다. 기초코를 만든 뒤, 뜨개질을 시작할 때는 그 뜨개법에 맞는 높이로 기둥코를 세울 필요가 있습니다. 단의 처음에 기둥코를 세우지 않고 그냥 뜨기 시작하면 원래의 높이대로 떠지지 않고 코가 찌그러지기 때문입니다. 기둥코는 뜨개법에 따라 사슬뜨기의 콧수를 바꿔서 뜨며, 짧은뜨기를 제외하고는 이 기둥코도 1코로 셉니다.

기둥코 없이 뜬다면?

원형으로 뜰 때 뜨개도안에 기둥코 지시 없이 그대로 빙 둘러 계속 뜨면 소용돌이 모양의 편물이 됩니다. 단의 경계를 잘 모르겠다면 단수링을 걸어 두고 뜨세요.

긴뜨기로 기둥코 만들기

여기에서는 긴뜨기로 기둥코를 만드는 경우를 예로 들어 설명합니다.

1 앞단을 다 뜨고 나면 사슬 2코로 기둥코를 만듭니다. 이 기둥코는 긴뜨기의 첫 번째 코로 셉니다.

2 긴뜨기를 뜨는데, 먼저 바늘에 실을 겁니다.

3 다음 뜨개코의 머리에 바늘을 넣어서 실을 끌어냅니다.

4 바늘에 고리 3개가 걸려 있는 모습입니다.

5 한 번 더 바늘에 실을 건 뒤, 고리 3개 속으로 실을 한 번에 빼냅니다.

6 긴뜨기를 1코 뜬 모습입니다. 기둥코와 합쳐서 2코를 뜬 상태가 됩니다.

한길긴뜨기

사슬 3코로 기둥코를 만들고 나서 뜨는 뜨개법입니다. 긴뜨기보다 사슬 1코 분량만큼 뜨개코의 높이가 높아집니다.

STEP 2

1 앞단을 다 뜨고 나면 사슬 3코로 기둥코를 만듭니다. 이 기둥코는 한길긴뜨기의 첫 번째 코로 셉니다.

2 바늘에 실을 겁니다.

3 다음 뜨개코의 머리에 바늘을 넣습니다.

4 한 번 더 바늘에 실을 겁니다.

5 4의 실을 끌어낸 모습입니다. 바늘에 고리 3개가 걸려 있는 상태가 됩니다.

6 한 번 더 바늘에 실을 겁니다.

7 바늘에 걸려 있는 고리 중에 바늘 끝에서부터 두 번째와 세 번째에 있는 고리 사이로 실을 끌어냅니다.

8 바늘에 고리 2개가 걸려 있는 상태가 됩니다.

9 다시 바늘에 실을 겁니다.

10 그대로 고리 2개 속으로 실을 빼내서 한길긴뜨기를 완성합니다.

11 단의 마지막 빼뜨기(→54쪽)는 기둥코의 세 번째 사슬코에 바늘을 넣습니다.

12 빼뜨기를 해서 1단을 완성한 모습입니다.

두길긴뜨기

사슬 4코로 기둥코를 만들고 나서 뜨는 뜨개법입니다. 한길긴뜨기보다 뜨개코의 높이가 더 높아집니다.

1 앞단을 모두 뜨고 나면 사슬 4코로 기둥코를 만듭니다.

2 바늘에 실을 두 번 겁니다.

3 앞단 뜨개코의 머리 두 가닥을 주워서 바늘을 넣습니다.

4 바늘에 실을 겁니다.

5 실을 끌어내면 바늘에 고리 4개가 걸려 있는 상태가 됩니다.

6 한 번 더 바늘에 실을 겁니다.

7 바늘 끝 쪽에 걸려 있는 고리 2개 속으로 실을 빼내면, 바늘에 고리 3개가 걸려 있는 상태가 됩니다.

8 한 번 더 바늘에 실을 겁니다.

POINT
단이 길어서 빼내기 어려우므로 뜨고 있는 코의 아랫부분을 누르면서 뜹니다.

9 바늘 끝 쪽에 걸려 있는 고리 2개 속으로 실을 빼내면 이번에는 바늘에 고리 2개가 걸려 있는 상태가 됩니다.

10 한 번 더 바늘에 실을 겁니다.

11 바늘에 걸려 있는 고리 2개 속으로 실을 빼냅니다.

12 두길긴뜨기를 뜬 모습입니다.

STEP 2 손뜨개 인형 뜨개법 _ 시작하기

빼뜨기

코바늘에 실을 걸어 그대로 한 번에 빼내는 뜨개법입니다.
주로 원형으로 뜰 경우 1단을 마무리할 때나 편물을 마무리할 때 사용합니다.

STEP 2

1 단의 마지막 빼뜨기는 첫 번째 코에 뜹니다.

2 뜨개코의 머리 두 가닥에 바늘을 넣습니다.

3 바늘에 실을 겁니다.

4 그대로 바늘에 걸려 있는 고리까지 한 번에 빼냅니다.

5 빼뜨기를 뜬 모습입니다.

변형 짧은뜨기

뜨개코의 다리를 비틀어 뜨는 짧은뜨기입니다. 겉면이 'x' 모양처럼 보입니다.

1 앞단 뜨개코의 머리 두 가닥에 바늘을 넣습니다.

2 바늘에 실을 겁니다. 이때 일반 짧은뜨기(→44쪽)와는 반대 방향에서 바늘에 실이 걸리도록 실의 위쪽에서 겁니다. NG는 일반 짧은뜨기의 실 거는 방법입니다.

3 그대로 실을 끌어내면 바늘에 고리 2개가 걸려 있는 상태가 됩니다.

4 한 번 더 바늘에 실을 겁니다. 여기에서는 일반 짧은뜨기와 같은 방향에서 겁니다.

5 바늘에 걸려 있는 고리 2개 속으로 실을 한 번에 빼냅니다.

6 변형 짧은뜨기를 1코 뜬 모습입니다.

되돌아 짧은뜨기

보통은 뜨개질을 할 때 오른쪽에서 왼쪽으로 뜨는데, 되돌아 짧은뜨기는 반대로 왼쪽에서 오른쪽으로 뜹니다. 편물을 잇는 과정 없이 그대로 마무리할 때의 가장자리 마무리 등에 사용합니다.

STEP 2

1 사슬뜨기 1코로 기둥코를 만듭니다.

위에서 본 모습

2 1의 오른쪽 앞단에 있는 뜨개코의 머리에 바늘을 넣습니다.

3 바늘에 실을 겁니다.

4 3의 실을 끌어냅니다.

5 한 번 더 바늘에 실을 겁니다.

6 바늘에 걸려 있는 고리 2개 속으로 실을 빼냅니다. 계속해서 왼쪽에서 오른쪽으로 짧은뜨기를 뜹니다.

뒤짧은뜨기

평뜨기에서 되돌아올 때 코가 안코가 되지 않도록 뜨는 뜨개법입니다. 일반 짧은뜨기(→44쪽)를 거울로 비췄을 때의 모습처럼 반대 방향으로 뜹니다. 바늘을 안쪽에서부터 넣고 뜨며, 실 거는 방법도 반대로 합니다.

1 사슬뜨기 1코로 기둥코를 만듭니다.

2 짧은뜨기를 앞뒤 반대로 해서 뜹니다. 편물의 안쪽에서 뜨개코의 머리에 바늘을 넣습니다.

3 바늘에 실을 겁니다. 이때 실 위쪽에서 바늘을 걸어야 합니다.

4 안쪽을 향해 끌어냅니다.

5 실 아래쪽으로 바늘을 넣어서 실을 겁니다.

6 그대로 바늘에 걸려 있는 고리 2개 속으로 실을 한 번에 빼냅니다.

줄기뜨기

앞단 뜨개코의 머리 안쪽 반코만을 주워서 뜨면 편물의 겉쪽에만 줄기 모양이 생깁니다.

1 앞단 뜨개코의 머리 안쪽(뒤쪽 반코)을 줍습니다.

2 안쪽 반코에 바늘을 넣은 모습입니다.

3 여기서는 짧은뜨기(→44쪽)를 뜹니다. 바늘에 실을 걸어서 끌어냅니다.

4 한 번 더 바늘에 실을 겁니다.

5 바늘에 걸려 있는 고리 2개 속으로 실을 한 번에 빼냅니다.

6 '짧은뜨기의 줄기뜨기'를 1코 뜬 모습입니다.

앞줄기뜨기

안쪽 반코를 줍는 줄기뜨기와는 달리 앞쪽 반코를 줍는 뜨개법입니다.
앞쪽으로 구부러지는 편물이 됩니다.

1 앞단 뜨개코의 머리 앞쪽 반코를 주워서 바늘을 넣습니다.

2 1을 위에서 본 모습입니다. NG는 원래대로 뜨개코의 머리 두 가닥을 주운 모습입니다.

3 여기서는 짧은뜨기(→44쪽)를 뜹니다. 바늘에 실을 겁니다.

4 3의 실을 끌어냅니다.

5 한 번 더 바늘에 실을 겁니다.

6 바늘에 걸려 있는 고리 2개 속으로 실을 빼냅니다. 앞줄기뜨기를 뜬 모습입니다.

앞걸어뜨기

세로로 라인을 넣은 것 같은 모양이 생기는 뜨개법입니다. 여기서는 긴뜨기(→47쪽)로 설명했으나 짧은뜨기(→44쪽)나 한길긴뜨기(→50쪽)의 경우에도 같은 모양이 생깁니다.

STEP 2

1 바늘에 실을 겁니다.

2 1의 화살표처럼 앞단 뜨개코의 다리를 겉쪽에서 줍습니다.

3 바늘에 실을 겁니다.

4 3에서 걸어둔 실을 끌어냅니다.

5 한 번 더 바늘에 실을 겁니다.

6 바늘에 걸려 있는 고리 속으로 실을 한 번에 빼냅니다. 1코 걸러 긴뜨기 앞걸어뜨기를 하면 사진에 나와 있는 것처럼 됩니다.

뒤걸어뜨기

편물 안쪽에서 앞단의 다리를 주워서 뜨면 앞단의 코가 끌어올려져서 입체적인 모양이 됩니다. 여기서는 긴뜨기(→47쪽)로 설명했으나 짧은뜨기(→44쪽)나 한길긴뜨기(→50쪽)의 경우에도 같은 모양이 생깁니다.

1 바늘에 실을 건 뒤, 안쪽에서 바늘을 넣어 앞단의 다리를 줍습니다.

2 앞단의 다리를 주운 모습입니다.

3 바늘에 실을 겁니다.

4 2에서 주운 다리 속으로 실을 끌어냅니다.

5 한 번 더 바늘에 실을 겁니다.

6 바늘에 걸려 있는 고리 속으로 실을 한 번에 빼냅니다.

루프뜨기

단춧구멍처럼 편물에 구멍을 만들 때 사용하는 뜨개법입니다. 인형의 팔다리를 만들 때도 사용합니다.

STEP 2

1 루프를 만들 위치까지는 원래 방법대로 뜹니다. 여기서는 짧은뜨기(→44쪽)를 합니다.

2 루프를 만들 수 있는 너비만큼만 사슬뜨기(→39쪽)를 합니다(여기서는 4코).

3 사슬뜨기를 한 4코만큼 건너뛴 뒤, 다섯 번째 코에 바늘을 넣습니다.

4 다섯 번째 코에 바늘을 넣은 모습입니다.

▶ **사슬을 묶음으로 주울 경우**

5 짧은뜨기를 합니다.

6 루프뜨기를 한 다음 단은 사슬뜨기를 감싸듯이 해서 바늘을 넣습니다.

7 바늘에 실을 걸어서 짧은뜨기를 합니다.

8 짧은뜨기를 1코 뜬 모습입니다.

▶ **사슬의 사슬코 산을 주울 경우**

9 루프뜨기를 한 4코만큼 짧은뜨기를 뜹니다.

10 루프뜨기를 한 다음 단(5에 이어서)은 사슬뜨기의 사슬코 산을 줍습니다.

11 바늘에 실을 걸어서 짧은뜨기를 합니다.

12 루프뜨기를 한 4코만큼 사슬코 산을 주워서 뜹니다. 사슬코가 보이는 뜨개법입니다.

피코뜨기

가장자리 장식을 할 때 사용하는 뜨개법입니다.
여기서는 사슬 3코의 피코뜨기를 예로 들어 설명합니다.

STEP 2

1 사슬뜨기(→39쪽)를 3코 뜹니다.

2 사슬뜨기를 시작한 곳의 짧은뜨기 뜨개코의 머리 사이로 바늘을 넣습니다.

3 왼쪽의 다리 한 가닥도 함께 줍습니다.

4 바늘에 실을 걸어서 한 번에 빼냅니다.

5 피코뜨기 1개를 완성한 모습입니다.

POINT

왼손으로 편물을 누르면서 빼냅니다.

사슬뜨기 코의 개수에 따라 튀어나온 상태나 모양이 달라집니다!

링뜨기

왼손으로 실을 누른 채로 떠서 링 모양의 장식실이 편물의 안쪽으로 나오게 하는 뜨개법입니다.

1 짧은뜨기(→44쪽)와 같은 요령으로 바늘을 넣습니다.

2 왼손에 걸려 있는 실을 왼손 가운뎃손가락으로 밀어 내립니다. 밀어 내린 만큼이 링의 길이가 됩니다. 실을 밀어 내렸던 손가락으로 편물을 잡습니다.

3 그 상태에서 바늘에 실을 겁니다.

4 3에서 걸어둔 실을 끌어냅니다.

5 한 번 더 바늘에 실을 겁니다.

6 바늘에 걸려 있는 고리 속으로 실을 한 번에 빼내면 편물의 안쪽에 링이 생깁니다.

단을 감추면서 뜨는 가장자리뜨기

편물 가장자리의 세로 라인을 깔끔하게 만들거나 가장자리 장식을 뜰 때 사용하는 뜨개법입니다.

STEP 2

1 편물을 세로로 놓고 마지막 단 가장자리의 뜨개코에 바늘을 넣은 뒤, 실을 바늘에 겁니다.

2 바늘에 걸어둔 실을 끌어내 실을 새로 이은 모습입니다.
※ 뜨기 끝부분의 실이 남아 있을 때는 그대로 계속해서 뜹니다.

3 사슬 1코로 기둥코를 만듭니다.

4 3을 뜬 코와 같은 코에 짧은뜨기(→44쪽)를 1코 뜹니다.

5 다음 코는 1단 아래에 있는 1코의 안쪽을 줍습니다.

6 같은 요령으로 가장자리에 있는 1코를 감싸듯이 단과 단 사이에 바늘을 넣어 코를 계속 주워서 뜹니다.

튀어나오게 뜨기

편물에 위쪽으로 볼록 튀어나온 부분을 만들 때 사용하는 뜨개법입니다.
꼬리나 뿔, 머리카락 등을 만들 때 응용할 수 있습니다.

1 튀어나온 부분을 만들려는 위치까지 뜬 모습입니다.

2 튀어나오게 하고 싶은 길이만큼만 사슬뜨기(→39쪽)를 합니다.

3 사슬뜨기의 사슬코 산에 바늘을 넣고 코를 떠 넣습니다.

4 원하는 높이의 뜨개코(여기서는 짧은뜨기)로 계속 뜹니다.

5 사슬코 산을 주우면서 사슬의 밑동까지 뜹니다.

6 밑동까지 뜨고 나면 원래대로 계속 이어서 뜹니다.

코 늘리기

코 하나에 뜨개코를 여러 번 떠 넣어서 앞단보다 뜨개코를 더 늘리는 방법입니다.
여기서는 짧은뜨기(→44쪽)로 설명했으나 긴뜨기(→47쪽)나 한길긴뜨기(→50쪽)의 경우에도 방법은 같습니다.

STEP 2

1 앞 코와 같은 위치에 바늘을 넣습니다.

2 짧은뜨기를 뜹니다. 먼저 바늘에 실을 겁니다.

3 실을 끌어냅니다.

4 한 번 더 바늘에 실을 건 뒤, 바늘에 걸려 있는 고리 속으로 실을 빼서 짧은뜨기 2코의 코 늘리기를 완성합니다.

Tip 코 늘리기 개수 차이

짧은뜨기 2코 늘려뜨기

앞단의 1코에 짧은뜨기를 2코 떠 넣은 경우

짧은뜨기 3코 늘려뜨기

앞단의 1코에 짧은뜨기를 3코 떠 넣은 경우
(두 번째 코=분홍색, 세 번째 코=보라색)

코 줄이기

2코를 1코로, 3코를 1코로 줄이는 뜨개법입니다.

1 짧은뜨기와 같은 요령으로 바늘을 넣습니다(이 코와 다음 코에서 2코 모아뜨기를 해서 코를 줄이는 방법을 예로 들어 설명합니다).

2 바늘에 실을 겁니다.

3 2의 실을 끌어낸 모습인데, 짧은뜨기를 뜨고 있는 상태입니다.

4 그 상태에서 다음 코에 바늘을 넣습니다.

5 바늘을 넣은 모습입니다.

6 바늘에 실을 걸어서 끌어냅니다.

STEP 2

7 바늘에 고리 3개가 걸려 있는 상태가 됩니다.

8 한 번 더 바늘에 실을 겁니다.

9 바늘에 걸려 있는 고리 3개 속으로 실을 한 번에 빼냅니다.

10 짧은뜨기 2코 모아뜨기의 코 줄이기를 한 모습입니다.

Tip 코 줄이기 기호
짧은뜨기, 긴뜨기, 한길긴뜨기 모두 각기 다른 코 줄이기의 기호가 있습니다.

 **짧은뜨기 2코 모아뜨기** 69-70쪽에서 사용한 뜨개법입니다.	**긴뜨기 3코 모아뜨기** 미완성의 긴뜨기를 3코 뜬 뒤, 마지막에 바늘에 실을 걸어서 한 번에 빼냅니다.
 **짧은뜨기 3코 모아뜨기** 미완성의 짧은뜨기를 3코 뜬 뒤, 마지막에 바늘에 실을 걸어서 한 번에 빼냅니다.	**한길긴뜨기 2코 모아뜨기** 미완성의 한길긴뜨기를 2코 뜬 뒤, 마지막에 바늘에 실을 걸어서 한 번에 빼냅니다.
긴뜨기 2코 모아뜨기 미완성의 긴뜨기를 2코 뜬 뒤, 마지막에 바늘에 실을 걸어서 한 번에 빼냅니다.	**한길긴뜨기 3코 모아뜨기** 미완성의 한길긴뜨기를 3코 뜬 뒤, 마지막에 바늘에 실을 걸어서 한 번에 빼냅니다.

걸러뜨기로 코 줄이기

1코 걸러뜨는 등 앞단의 코를 뜨지 않고 건너뛰면서 코를 줄이는 방법입니다.
실이 굵거나 코 줄이기를 한 부분이 눈에 잘 띄는 경우에 사용합니다.

1 코 줄이기를 하기 전까지 뜹니다.

2 1코 건너뛰어 2코 옆에 있는 뜨개코의 머리에 바늘을 넣습니다.

3 바늘에 실을 겁니다.

4 3의 실을 끌어냅니다.

5 한 번 더 바늘에 실을 건 뒤, 한 번에 빼내서 짧은뜨기 1코를 뜬 모습입니다.

6 같은 요령으로 1코 걸러 건너뛰면서 코를 줄여서 뜨면 사진과 같은 모습이 됩니다.

COLUMN

코 늘리는 방법과 코 줄이는 방법의 차이

코 늘리기나 코 줄이기를 하면서 뜨면 둥근 편물을 만들 수 있습니다. 다음 사진 중 각 사진의 왼쪽은 분산시켜서 코 늘리기·코 줄이기를 한 것이고, 오른쪽은 단마다 같은 위치에서 코 늘리기·코 줄이기를 한 것입니다. 같은 위치에서 균등하게 코를 늘리거나 코를 줄이면 그 부분에 각이 생기면서 다각형이 됩니다. 만들려는 편물의 형태에 맞춰서 코를 늘리거나 줄이는 위치를 정하세요.

코 늘리기

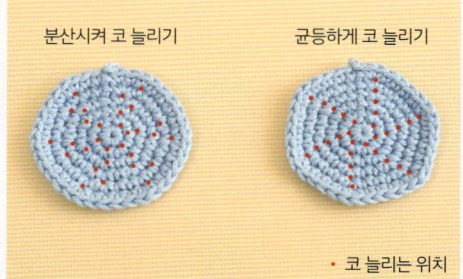

코 늘리기

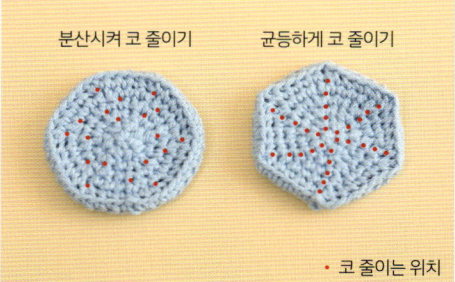

왼손잡이일 경우

뜨개법 사진 및 일러스트, 뜨개도안 등은 대개 오른손잡이를 전제로 하고 있습니다. 왼손잡이는 오른손에 실을 걸고 왼손에 바늘을 잡고서 왼쪽에서 오른쪽으로 뜨개질을 진행하기 때문에, 왼손잡이용 뜨개도안은 오른손잡이의 경우와는 반대가 되어야 합니다. 이해하기 힘들다면 뜨개도안을 반전 복사해서 사용하면 됩니다.

손뜨개 인형 컬렉션 II

동글동글 귀여운 빨간 도깨비는 손가락, 발가락도 하나하나 따로 떠서 만들었어요. 도깨비 팬티와 뿔, 머리카락까지 다양한 뜨개법을 응용하고 사용해서 떴습니다.

※ 모든 작품은 참고용입니다.

손뜨개 인형을 만들 때 정해진 규칙은 없습니다. 목각 인형이나 술병도 모티브로 사용할 수 있지요. 목각 인형의 표정과 술병의 라벨까지 디테일하게 만들어보았습니다.

새근새근 잠이 든 당근 인형은 튀어나온 부분과 상처 난 부분도 만들고 이파리가 뭉쳐 있는 모습도 실감나게 표현했습니다.

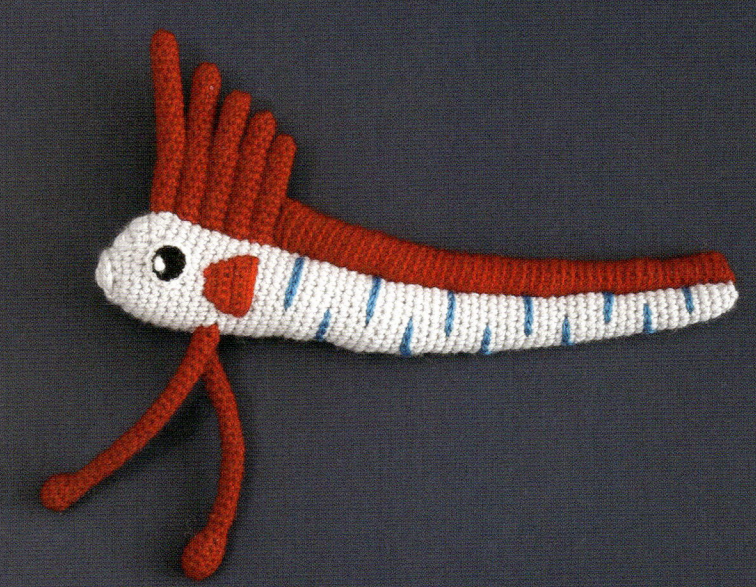

독특한 형태가 눈길을 끄는 인형입니다. 가느다란 실로 한 땀 한 땀 정성들여 떠서 섬세한 디테일을 연출했습니다.

모헤어 실로 떠서 폭신폭신하고 온화한 느낌의
너구리를 만들었습니다. 여러 가지 색이 혼합된
실을 사용하면 한층 더 부드러운 이미지를 살릴
수 있습니다.

은색 라메 실로 장난기 넘치는 포즈의 펑키한 인형을 만들었습니다. 얼굴은 펠트지, 컬러솜, 자수 기법 등을 활용해서 만들었어요. 금방이라도 춤을 추기 시작할 것 같은 발랄한 모습이네요.

흰색과 검은색만 사용했는데도 몸의 밸런스와 얼굴의 표정을 통해 아주 독특한 느낌이 있는 인형이 되었습니다. 해골을 떠오르게 하지만 애교 있는 표정이 포인트랍니다.

STEP 3

손뜨개 인형 뜨개법 _ 응용하기

편물에 변화를 주거나 실 색상을 바꾸는 등
손뜨개 인형을 더욱 개성 있게 만들어주는
응용한 뜨개법을 소개합니다.

단이 바뀔 때 색 바꾸기

단에서 색(실)을 바꾸는 방법입니다.
줄무늬처럼 다시 같은 색이 나오는 경우에는 실을 자르지 않고 쉬어둡니다.

STEP 3

1 앞단의 마지막 코에서 색을 바꿉니다. 짧은뜨기를 뜨다가 도중(바늘에 걸어둔 실을 끌어낸 모습)에 멈춥니다.

2 새로운 실을 왼손에 겁니다. 실 끝은 10cm 정도 남겨둡니다.

POINT

안쪽

하늘색 실도 함께 잡고 있지 않으면 실이 느슨해져서 제대로 뜨기 어렵습니다.

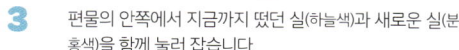

3 편물의 안쪽에서 지금까지 떴던 실(하늘색)과 새로운 실(분홍색)을 함께 눌러 잡습니다.

4 분홍색 실을 바늘에 겁니다.

5 바늘에 걸려 있는 고리 2개 속으로 실을 한 번에 빼냅니다.

6 단의 마무리 빼뜨기(→37쪽)가 분홍색으로 바뀐 모습입니다. 지금까지 떴던 실(하늘색)을 더 이상 사용하지 않는다면 실 정리를 위해 10cm 정도 남기고 자릅니다.

단 도중에 색 바꾸기

단을 뜨는 도중에 색을 바꾸는 방법입니다.
금방 다시 같은 색을 사용할 때는 실을 그대로 둡니다.

STEP 3

1 색을 바꾸기 전에 있는 뜨개코에 짧은뜨기를 하는 도중에 실을 바꿉니다.

2 새로운 실을 왼손에 겁니다. 실 끝은 10cm 정도 남겨둡니다.

POINT
안쪽

하늘색 실은 코바늘에 걸려 있는 실이 느슨해지지 않도록 잘 잡고 있습니다.

3 편물의 안쪽에서 지금까지 떴던 실(하늘색)과 새로운 실(분홍색)을 함께 눌러 잡습니다.

4 분홍색 실을 바늘에 겁니다.

5 바늘에 걸려 있는 고리 2개 속으로 실을 한 번에 빼냅니다.

6 실 색상이 바뀐 모습입니다.

배색뜨기

단의 도중에 색을 바꿔서 무늬를 만드는 방법입니다. 섬세하게 1코씩 색을 바꿔야 하는 경우나 10코씩 바꾸는 경우 모두 방법은 같습니다.

STEP 3

1 색을 바꿀 위치의 2코 이전까지 뜹니다.

2 색을 바꿀 위치보다 1코 앞쪽에 바늘을 넣어서 실을 겁니다.

3 2에서 걸어둔 실을 끌어냅니다(짧은뜨기를 뜨는 도중의 모습입니다).

4 새로운 실(분홍색)을 왼손 집게손가락에 걸친 뒤, 편물 안쪽에 갖다 댑니다.

5 바꾸기 전의 실과 새로운 실 모두 편물 안쪽에서 눌러 잡은 상태에서 바늘에 실을 건 뒤, 뜨고 있던 짧은뜨기를 계속 이어서 뜹니다.

6 짧은뜨기 1코를 다 뜨고 나면 실 색이 바뀝니다. 하늘색 실은 자르지 않고 그대로 둡니다.

7 바꾼 실로 짧은뜨기를 뜹니다.

8 필요한 콧수만큼 짧은뜨기를 뜹니다.

9 쉬어두었던 하늘색 실을 왼손에 걸친 뒤, 5·6과 같은 요령으로 실을 바꿔서 다시 하늘색 실로 돌아갑니다.

Tip 배색뜨기 안쪽 면 정리하기

80-81쪽 배색뜨기의 경우 하늘색에서 분홍색으로 색을 바꿨을 때 하늘색 털실은 안쪽에서 쉬어두고, 하늘색으로 되돌아갈 경우는 쉬어두었던 하늘색 실을 다시 사용합니다. 그렇게 하면 편물 안쪽은 A처럼 쉬어두었던 실이 가로로 걸쳐지게 됩니다. 색을 자주 바꿔야 된다면 이렇게 해두어도 됩니다. 안쪽에서 지나는 실이 너무 길어지거나 안쪽도 깔끔하게 정리하고 싶은 소품이라면 B처럼 앞에서 뜨고 있던 실을 함께 감싸면서 떠줍니다.

A. 실을 걸치는 경우
실을 걸칠 때 여유분이 없으면 편물이 땅기게 되고, 반대로 여유분이 너무 많으면 색의 경계에 있는 뜨개코가 느슨해지므로 주의해야 합니다.

B. 실을 감싸면서 뜨는 경우
실의 종류에 따라서는 감싸면서 뜬 실이 겉코의 틈 사이로 보이는 경우가 있습니다.

걸러뜨기

편물의 일부만을 계속 떠서 인형의 팔다리 등을 만드는 방법입니다.

STEP 3

1 여기서는 몸통을 뜨다가 도중에 인형 다리를 만듭니다. 먼저 한쪽 다리 분량의 콧수를 뜹니다.

2 편물을 회전시킨 뒤, 편물 뒤쪽으로 바늘이 가게 합니다.

3 몸통의 나머지 반절의 코를 쉬어둔 뒤, 첫 번째 코에 빼뜨기(→54쪽)를 합니다.

4 그대로 계속 뜨면 한쪽 다리가 생깁니다. 다른 쪽 다리는 코 줍기(→83쪽)를 해서 원통형으로 뜹니다.

코 줍기

실이 없는 부분에 실을 새로 이어서 계속 뜨는 방법입니다.

▶ 실 잇기

1 뜨개질을 시작할 위치에 바늘을 넣습니다. 이 경우에는 몸통의 중심(걸러뜨기를 한 다음 코)에 바늘을 넣어서 뜹니다.

2 왼손에 걸친 실을 바늘에 겁니다.

3 2에서 걸어둔 실을 끌어냅니다. 바늘에 걸려 있는 고리가 느슨해지지 않도록 안쪽에서 잘 눌러줍니다.

▶ 떠 넣기

4 기둥코가 될 사슬(→39쪽)을 1코 뜹니다.

5 실을 이은 뜨개코의 머리(1의 코)와 같은 위치에 짧은뜨기(→44쪽)를 뜹니다.

6 그대로 계속 이어서 뜹니다(분홍색 부분이 코 줍기를 해서 원통형으로 뜬 부분입니다).

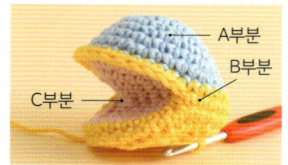

벌린 입 만들기

코 늘리기(→68쪽)를 하면서 뜬 편물과 평평한 원형으로 뜬 편물을 조합해서 벌린 입을 만듭니다.

※ 뜨개도안은 236쪽을 참조해주세요.

STEP 3

1 A부분(하늘색)을 뜬 뒤, 입을 만들어줄 단에서 기둥코에서부터 1/4바퀴 정도까지만 짧은뜨기(→44쪽)를 뜹니다.

2 평평한 원형으로 뜬 C부분(분홍색)을 맞대어 뜨기(→94쪽)로 반 바퀴를 뜹니다.

3 A부분의 나머지를 뜹니다.

4 1단을 모두 뜬 모습입니다.

5 기둥코를 만들어 계속 뜬 뒤, C부분과 맞대기 시작한 곳까지 뜹니다.

6 이번에는 C부분만 뜹니다.

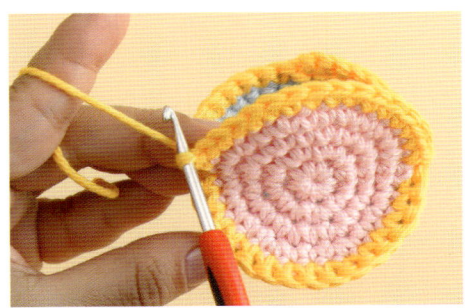

7 그대로 이어서 끝까지 뜹니다.

8 맞대어 뜨기를 끝낸 다음 코에 바늘을 넣어서 뜹니다.

9 C부분을 반으로 접듯이 넘긴 뒤, B부분을 빙 둘러서 뜹니다.

10 그대로 코 줄이기를 하면서 뜨면 벌린 입이 완성됩니다.

여기에서는 이해를 돕기 위해
3가지 색을 사용해서 설명했어요.

STEP 3

코 늘리기와 코 줄이기로 뜨는 구슬뜨기

코 늘리기(→68쪽)를 한 뒤, 다음 단에서 코 줄이기(→69쪽)를 하면 입체적인 편물을 만들 수 있습니다. 뜨개코를 조절하는 방법에 익숙해지면 귀나 코를 뜰 때 응용할 수 있습니다.

1 구슬뜨기를 떠 넣기 전까지 짧은뜨기(→44쪽)로 뜬 모습입니다.

2 한길긴뜨기(→50쪽) 5코를 앞단의 1코에 떠 넣습니다.

3 이후에는 짧은뜨기로 뜨고(사진은 2의 반대쪽도 같은 요령으로 떠 넣습니다), 다음 단도 2를 뜨기 전까지는 짧은뜨기로 뜹니다.

4 한길긴뜨기의 코 줄이기를 합니다. 먼저 바늘에 실을 겁니다.

5 그대로 바늘을 넣어서 실을 겁니다.

6 5에서 걸어둔 실을 끌어냅니다. 바늘에는 고리 3개가 걸려 있는 상태가 됩니다.

7 한 번 더 바늘에 실을 건 뒤, 바늘에 걸려 있는 고리 중에서 앞쪽에 있는 고리 2개 속으로 실을 빼내 미완성의 한길긴뜨기 1코를 완성합니다.

8 미완성의 한길긴뜨기를 1코 더 뜹니다. 바늘에 실을 겁니다.

9 그대로 바늘을 넣어서 실을 겁니다.

10 9에서 걸어둔 실을 끌어낸 뒤, 한 번 더 바늘에 실을 겁니다.

11 앞쪽에 걸려 있는 고리 2개 속으로 실을 빼내면 고리 3개가 걸려 있는 상태가 됩니다. 그러면 미완성 한길긴뜨기의 두 번째 코가 완성됩니다.

12 과정을 되풀이해서 모두 5코 분량의 미완성의 한길긴뜨기를 뜨면 바늘에는 고리 6개가 걸려 있게 됩니다.

STEP 3

13 바늘에 실을 겁니다.

14 고리 6개 속으로 실을 한 번에 빼냅니다.

15 그 상태에서 짧은뜨기를 계속 뜹니다. 좌우 같은 위치에서 구슬뜨기를 하면 머리 양옆에 귀가 생깁니다.

1단에서 코 늘리기를 한 부분입니다.

2단에서 코 줄이기를 한 부분입니다.

코 줄이기로 발 만들기

발 만드는 방법에는 여러 가지가 있는데, 여기에서는 코 줄이기(→69쪽)로 발 만드는 방법을 설명합니다.

1 코 늘리기를 하면서 짧은뜨기(→44쪽)로 뜬 뒤, 이 단에서부터 코 줄이기를 합니다. 기둥코 부분이 뒤꿈치 쪽이 됩니다.

2 발끝이 될 부분에서 코 줄이기를 합니다.

3 왼쪽이 발끝 쪽입니다.

4 원하는 형태가 될 때까지 발끝 부분에 코 줄이기를 하면서 뜹니다.

5 코를 모두 줄이고 나면 짧은뜨기로 발목을 뜨기 시작합니다.

신발뜨기로 발 만들기

타원형으로 바닥을 뜬 뒤에 도중에 걸러뜨기를 해서 발목을 만들고 계속 뜨면서 발 형태를 만듭니다. 구두와 부츠도 이 방법으로 만들 수 있습니다.

STEP 3

1 사슬뜨기 기초코로 코를 만든 뒤, 타원형으로 뜹니다(→42쪽).

2 줄기뜨기(→58쪽)로 1단을 떠서 편물을 세워 올립니다.

3 발끝에서만 코 줄이기(→69쪽)를 하면서 계속 뜹니다.

4 발등까지 뜨고 나면 걸러뜨기(→82쪽)를 해서 발목 부분을 만듭니다.

5 그대로 원형으로 계속 떠서 발목을 만든 모습입니다.

6 실을 새로 이어서 발등을 감침질로 꿰맵니다.

STEP
3

7 뜨개코의 머리 앞쪽을 1가닥씩 주워서 감침질로 꿰맵니다.

8 실을 잡아당겨서 코를 조입니다.

9 발등을 다 꿰맨 모습입니다. 꿰맨 실은 안쪽에서 정리합니다.

단	콧수
7	8
6	8
5	8 (-7코)
4	15 (-3코)
3	18
2	18 (+6코)
1	12

뜨기 시작 부분으로
사슬 5코를 기초코로 합니다.

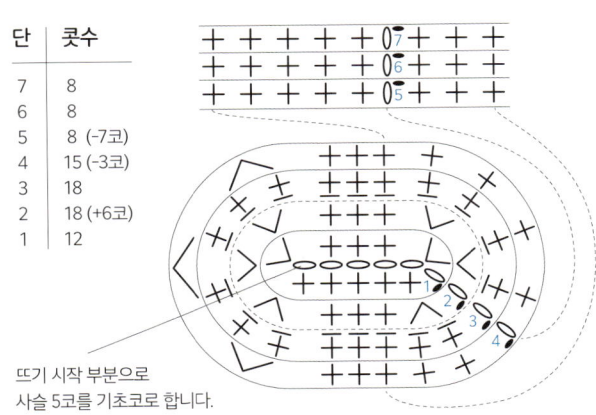

신발뜨기는 다른 방법보다 발의 형태를 더 또렷하게 만들 수 있어요!

루프뜨기로 발 만들기

편물을 서로 집어주듯이 감침질해서 발목을 만드는 방법입니다.

※ 뜨개도안은 236쪽을 참조해주세요.

STEP 3

1 발끝부터 시작해서 발목까지 뜹니다.

2 발목 부분에서 루프뜨기(→62쪽)를 합니다.

3 그대로 3단을 뜹니다. 루프 부분은 사슬코 산을 줍습니다.

4 실을 이은 뒤, 루프 부분을 감침질로 꿰맵니다.

5 양쪽에서 번갈아가며 뜨개코의 머리만 줍습니다.

6 마지막까지 줍고 나면 실을 잡아당겨서 꿰맵니다.

손가락 뜨기

피코뜨기(→64쪽)를 사용해서 손가락을 만듭니다.
작은 사이즈의 손뜨개 인형 손가락을 만들 때 사용합니다.

※ 뜨개도안은 229쪽을 참조해주세요.

STEP 3

1 원형뜨기 기초코(→33쪽)를 만들어 1단을 뜬 뒤, 2단을 뜨는 도중에 손가락을 뜹니다.

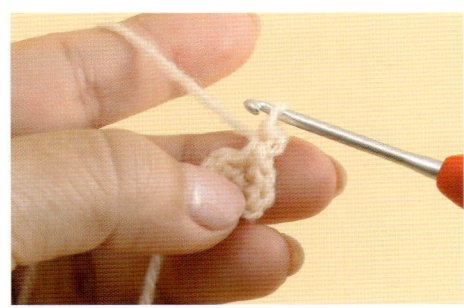

2 피코뜨기(→64쪽)를 합니다. 먼저 사슬뜨기(→39쪽)를 1코 뜬 뒤, 빼뜨기(→54쪽)로 1코 되돌아옵니다.

3 1에서 뜬 피코의 토대가 되는 뜨개코의 머리를 가르듯이 바늘을 넣어 빼뜨기를 합니다. 손가락 하나를 완성한 모습입니다.

4 짧은뜨기로 나머지 코를 뜬 뒤, 마지막은 빼뜨기를 해서 1단을 마무리합니다.

5 손목까지 뜹니다.

맞대어 뜨기

2개의 편물을 돗바늘로 꿰매지 않고 서로 맞대어 놓고 코바늘로 뜨면서 꿰매주는 방법입니다. 꿰맨 부분을 돋보이게 할 때나 이어서 가장자리 장식을 뜰 때 사용합니다.

※ 여기서는 꿰매는 실을 알아보기 쉽도록 노란색으로 떴습니다. 가장자리가 토대와 같은 색이여도 괜찮다면 토대를 떴던 실을 자르지 않고 그대로 이어서 뜹니다.

STEP 3

1 하늘색 토대에 분홍색 뚜껑을 덮어씌웁니다.

2 먼저 토대에 실을 이어서(→83쪽) 사슬 1코로 기둥코를 뜬 뒤(→38쪽), 첫 번째 코에 바늘을 넣습니다.

3 뚜껑과 토대의 기둥코 위치를 맞춰서 서로 맞대어 놓은 뒤, 뚜껑 안쪽에서 바늘을 빼냅니다.

4 바늘에 실을 겁니다.

5 4에서 걸어둔 실을 끌어냅니다.

6 한 번 더 바늘에 실을 걸었다가 빼내서 짧은뜨기(→44쪽)를 1코 뜬 모습입니다. 같은 요령으로 편물 2장이 합쳐지도록 계속 이어서 뜹니다.

접어서 꿰매기

주로 얇은 편물을 만들 때 사용하는 뜨개법입니다.

※ 여기서는 이해를 돕기 위해 꿰매어 잇는 실을 다른 색으로 바꿨습니다.

1 여기서는 원형 편물을 반으로 접어서 꿰매어 잇습니다. 뜨기 끝부분의 실을 돗바늘에 꿴 뒤, 한쪽 끝에서 편물 겉으로 빼냅니다.

2 뜨개코의 머리 앞쪽끼리 줍습니다.

3 마지막까지 같은 요령으로 주우면서 꿰매어 잇습니다.

뜨개코의 머리 앞쪽끼리 주워서 뜨면 이은 부분이 얇게 완성됩니다.

프린지

편물 가장자리에 실 묶음으로 만든 술 장식을 다는 방법입니다. 머리카락이나 꼬리 등을 만들 때 사용합니다.

1 프린지를 달아줄 위치에 있는 코의 안쪽에서 겉쪽으로 바늘을 꽂습니다.

2 실을 잘라 반으로 접은 뒤, 접은 고리 부분에 바늘을 겁니다.

3 그대로 고리를 끌어냅니다.

4 바늘을 빼고 고리 속에 집게손가락과 엄지손가락을 넣습니다.

5 실 끝 두 가닥을 잡고 고리 속으로 통과시킵니다.

6 실 끝을 잡아당겨서 고리를 조입니다.

7 과정을 되풀이해서 필요한 개수만큼 프린지를 만들어 달아줍니다.

8 프린지를 모두 단 뒤, 길이를 맞춰 가지런히 자릅니다.

STEP 3

Tip 뜨개도안 만드는 방법

손뜨개 인형은 둥글게 떠 나가는 것이 기본이기 때문에 뜨개도안은 대부분 원형(동심원 모양)으로 되어 있습니다. 중심에서 바깥쪽으로 그려 나갑니다.

❶ 중심의 '시작 고리'란 '원형뜨기 기초코(실 감아 원형코 만들기)'를 의미합니다. '사슬뜨기로 원형코 만들기'와 구별하기 위해서 실의 고리를 잡아당겨서 만드는 기초코일 경우에는 반드시 적어둡니다.

❷ 1단은 중심에서 첫 번째 코와 두 번째 코의 단수선 사이에 먼저 기둥코를 그린 뒤, 1단에 몇 코 뜰 것인지를 뜨개 기호로 표시합니다. 시계 반대 방향으로 균일하게 표시하는 것이 좋습니다. 2단부터는 아랫단의 어느 코에 떠 넣어 가는지 알 수 있도록 기호를 배치해서 적어 넣습니다.

❸ 기둥코의 사슬에서 오른쪽 위에 달려 있는 작은 검은색 타원은 빼뜨기 기호입니다. 기둥코를 세워서 뜨는 경우에는 반드시 빼뜨기로 1단이 끝나기 때문에 빠뜨리지 말고 꼭 기입해둬야 합니다.

❹ 증감이 없는 단이 2단 이상 계속될 때는 점선으로 표시해서 생략할 수도 있습니다. 이 경우에는 단수를 알 수 있도록 숫자를 잘 적어둡니다.

❺ 커다란 작품의 경우, 원형의 뜨개도안은 알아보기 힘들기 때문에 전개한 상태로 도안을 만들기도 합니다.

❻ 콧수표는 단마다의 콧수와 앞단에서부터의 콧수의 증감을 괄호 안에 적습니다. 그밖에 특수한 뜨개법을 사용할 때나 색 바꾸기의 지시가 있을 때도 여기에 적어둡니다.

뜨개도안은 손뜨개 인형의 설계도입니다. 누구나 알아볼 수 있도록 적습니다.

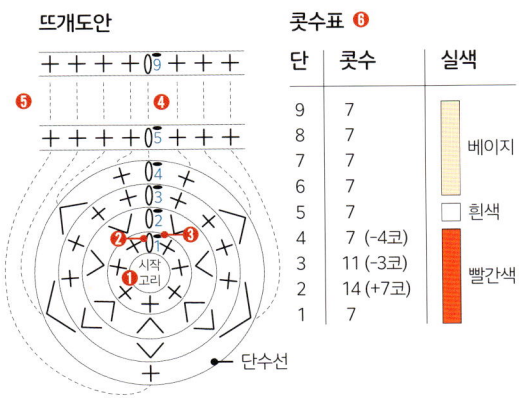

피코뜨기로 가장자리 프릴 만들기

편물의 느낌을 그대로 살리면서 마무리할 경우에 가장자리를 장식할 때 사용합니다.

STEP 3

1 여기서는 3코 1무늬의 프릴을 만듭니다. 먼저 짧은뜨기(→44쪽)를 2코 뜹니다.

2 사슬뜨기(→39쪽)를 뜹니다(여기서는 2코).

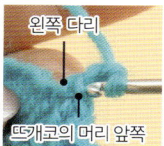

POINT

왼쪽 다리

뜨개코의 머리 앞쪽

바늘을 넣는 위치에 주의합니다.

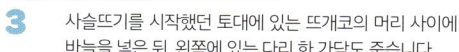

3 사슬뜨기를 시작했던 토대에 있는 뜨개코의 머리 사이에 바늘을 넣은 뒤, 왼쪽에 있는 다리 한 가닥도 줍니다.

4 바늘에 실을 걸어서 빼뜨기(→54쪽)를 합니다.

5 피코뜨기(→64쪽)를 뜬 모습입니다. 짧은뜨기 2코를 뜬 뒤, 같은 요령으로 계속 뜹니다.

6 마지막은 사슬뜨기로 잇기(→146쪽)로 마무리합니다.

모서리 각 잡기

편물 모서리에 각을 잡을 때 사용하는 뜨개법입니다. 여기서는 바닥을 둥글게 뜨고 나서 원통형을 만드는 경우를 예로 들어 설명합니다.

※ 이해를 돕기 위해 세워 올리는 부분부터는 실 색상을 바꿔서 떴습니다.

STEP 3

1 바닥을 뜨고 나면 뜨개코의 머리 안쪽만 줍는 줄기뜨기(→58쪽)를 합니다.

2 줄기뜨기로 계속 뜹니다.

3 모서리에 각이 잡혀서 편물이 위쪽으로 세워진 모습입니다.

4 바닥과 옆면이 생긴 모습입니다.

움푹하게 뜨기

편물을 뜨는 도중에 움푹 들어간 부분을 만들고 싶을 때 사용하는 뜨개법입니다. 움푹 들어간 부분을 먼저 뜹니다. '모서리 각잡기(→99쪽)'와 반대되는 편물을 만들 때 사용합니다.

※ 여기서는 이해를 돕기 위해 움푹 들어간 부분과 다른 색 실로 바꿔서 떴습니다.

STEP 3

1 움푹 들어간 부분의 바닥이 될 면을 뜹니다. 편물의 겉쪽이 움푹 들어간 부분의 안쪽 바닥이 됩니다.

2 기둥코 부분은 앞줄기뜨기(→59쪽)로 뜹니다. 그러면 편물이 안쪽으로 꺾여 올라갑니다.

3 움푹 들어간 부분을 뜬 모습입니다.

4 평평해지는 부분을 뜹니다. 처음 1단은 코 늘리기를 하면서 안쪽을 줍는 줄기뜨기(→58쪽)를 한 뒤, 바깥쪽으로 꺾어지게 만듭니다.

5 2단부터는 코 늘리기를 하면서 뜹니다.

6 움푹 들어간 부분을 옆에서 본 모습입니다.

비즈 넣어 뜨기

편물을 뜨는 도중에 비즈를 넣어 뜨는 뜨개법입니다. 바늘에 들어가는 크기라면 비즈의 타입에 상관없이 무엇이든 사용할 수 있습니다.

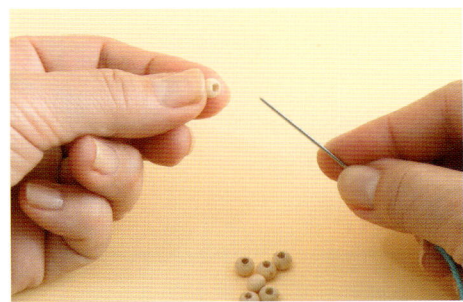

1 비즈 구멍에 들어가는 바늘을 준비합니다. 바늘에 실을 꿰니다.

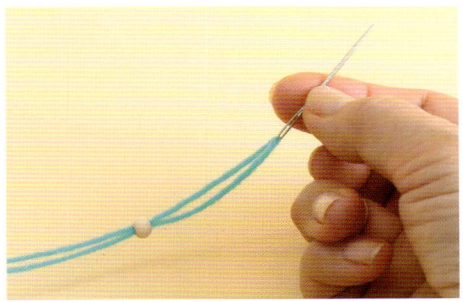

2 비즈를 끼웁니다.

3 필요한 비즈를 모두 끼웁니다.

4 기초코를 만들어서 비즈를 넣을 위치까지 뜨고 나면 비즈를 가까이에 둔 상태에서 바늘에 실을 겁니다(여기서는 짧은뜨기입니다).

5 4에서 바늘에 걸어둔 실을 끌어냅니다.

6 이 과정에서 비즈를 편물 가까이에 바짝 댑니다.

STEP 3

7 비즈를 왼손 가운뎃손가락으로 누른 상태에서 바늘에 비즈 왼쪽에 있는 실을 겁니다.

8 바늘에 걸어둔 실을 빼내서 비즈가 들어간 짧은뜨기 1코를 뜬 모습입니다.

비즈는 편물 안쪽 면에 달립니다.

9 과정을 되풀이해서 1단을 모두 뜹니다.

1단에 균일하게 비즈가 들어가 있는 모습입니다.

10 여러 단에 걸쳐 비즈를 떠 넣은 모습입니다.

> **Tip** 가는 실과 작은 비즈로 뜨는 섬세한 작품
>
> 레이스 실처럼 가는 실을 사용해 작은 비즈를 넣어서 뜨면 아주 섬세한 편물이 생깁니다. 실의 색상과 비즈의 색상 및 크기, 모양 등을 원하는 스타일로 조합해서 다양한 이미지의 편물을 만들어보세요. 뜨개질을 시작하기 전에 처음부터 비즈를 필요한 수만큼 끼워두는 것이 중요한데, 만약 도중에 비즈가 부족해지면 실을 한 번 잘라서 정리한 뒤에 새로 이어서 떠야 합니다. 그러므로 되도록 처음부터 비즈 개수를 틀리지 않도록 주의해야 합니다.

끈 만들기

사슬뜨기, 짧은뜨기를 사용해서 뜨는 3종류의 끈(코드)을 소개합니다.
모두 튼튼한 끈이라서 소품으로 만들 때도 사용할 수 있습니다.

▶ 빼뜨기로 만드는 끈

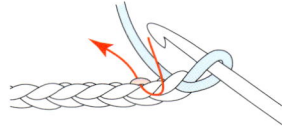 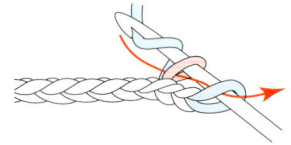 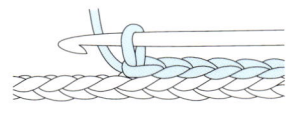

1 필요한 길이만큼 사슬뜨기를 뜬 뒤, 사슬코 산에 바늘을 넣습니다.

2 바늘에 실을 걸어서 빼냅니다.

3 1~2와 같은 요령으로 사슬코 산을 주웠다가 빼내는 과정을 반복합니다.

▶ 스레드 끈

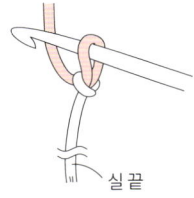 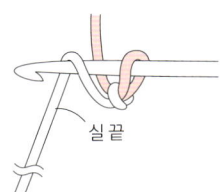 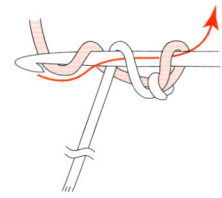

1 실 끝은 만들려는 끈의 길이의 3배 정도를 남긴 뒤, 사슬뜨기 기초코로 코를 만듭니다.

2 실 끝 쪽의 실을 일러스트처럼 앞쪽에서 바늘에 겁니다.

3 그대로 바늘에 실을 건 뒤, 한 번에 빼냅니다.

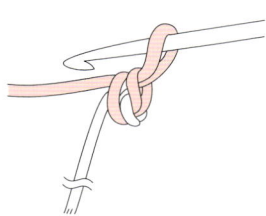 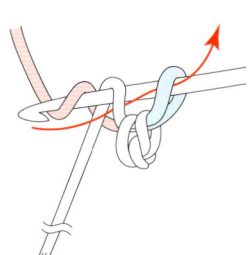 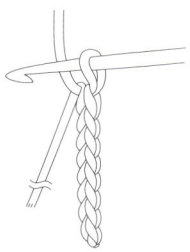

4 1코 완성한 모습입니다.

5 2~3과 같은 요령으로 실 끝 쪽의 실을 건 상태에서 바늘에 실을 걸어서 빼냅니다.

6 같은 요령으로 반복해서 스레드 끈을 완성합니다.

▶ 새우뜨기로 만드는 끈

STEP 3

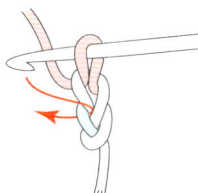

1 사슬뜨기 기초코로 코를 만든 뒤, 사슬뜨기를 1코 뜹니다. 화살표처럼 바늘을 넣고 실을 걸어서 끌어냅니다.

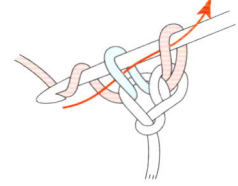

2 한 번 더 바늘에 실을 걸어서 빼냅니다(짧은뜨기).

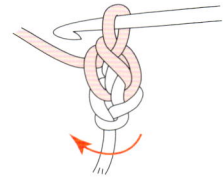

3 편물을 화살표 방향으로 회전시켜서 뒤집습니다.

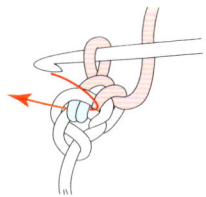

4 안쪽에서 화살표처럼 바늘을 넣어 두 가닥을 줍습니다.

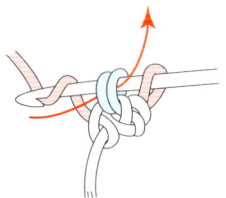

5 바늘에 실을 걸어서 화살표처럼 끌어냅니다.

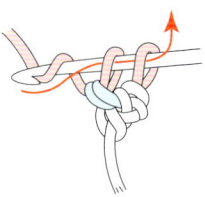

6 한 번 더 바늘에 실을 걸어서 빼냅니다(짧은뜨기).

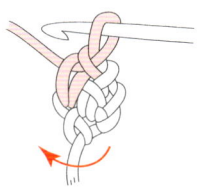

7 편물을 화살표 방향으로 회전시켜서 뒤집습니다.

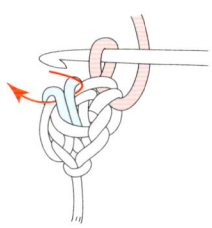

8 화살표처럼 바늘을 넣어서 5~6과 같은 요령으로 짧은뜨기를 뜹니다.

9 같은 요령으로 편물을 회전시키면서 계속 뜹니다.

기초부터 응용까지 활용하는
편물 패턴

기본 뜨개법으로 뜬 편물부터 몇 가지의 뜨개법을 조합한 무늬뜨기까지 총 23가지의 편물 견본을 소개합니다. 만들려는 스타일에 맞는 패턴을 찾아 나만의 손뜨개 인형을 만들어보세요.

※ 편물 견본은 하마나카 아미아미 코튼을 사용해서 떴습니다.

1 짧은뜨기

손뜨개 인형을 만들 때 가장 많이 사용하는 코바늘뜨기의 기본 뜨개법입니다. 빈틈없이 꽉 들어차는 뜨개코라서 촘촘하고 빽빽한 편물이 됩니다. 기둥코는 사슬뜨기 1코로 만듭니다.

사용한 뜨개법
→44쪽 <짧은뜨기>

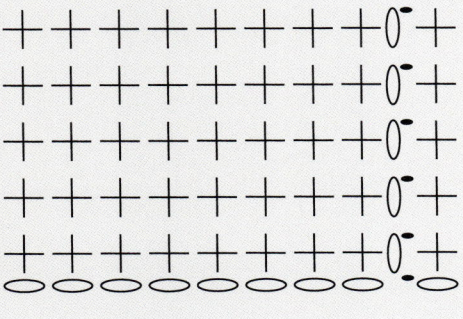

❷ 긴뜨기

짧은뜨기보다 한 번 더 코바늘에 실을 걸었다가 빼내는 뜨개법입니다. 실의 느낌이 잘 살아나는 뜨개법으로, 도톰하면서도 부드러운 편물이 생깁니다. 기둥코는 사슬뜨기 2코로 만듭니다.

사용한 뜨개법
→47쪽 <긴뜨기>

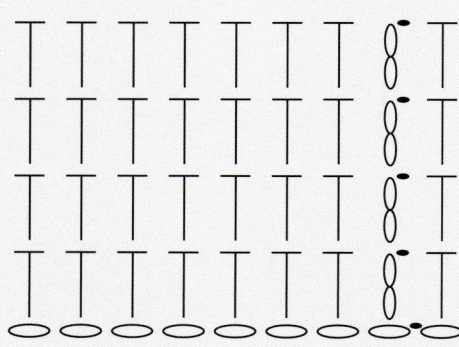

❸ 한길긴뜨기

1단이 짧은뜨기 높이의 3배가 되는 뜨개법입니다. 기둥코는 사슬뜨기 3코로 만듭니다.

사용한 뜨개법
→50쪽 <한길긴뜨기>

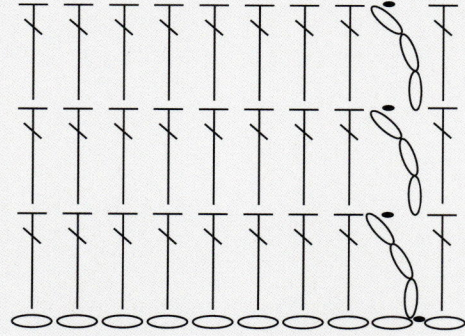

④ 짧은뜨기의 줄기뜨기

뜨개코의 머리 안쪽만을 주워서 짧은뜨기를 뜨는 뜨개법으로, 가로로 줄기 모양이 도드라져 보입니다. 편물을 직각으로 세워 올려서 모서리에 각을 잡을 때도 사용합니다.

사용한 뜨개법
→58쪽 <줄기뜨기>

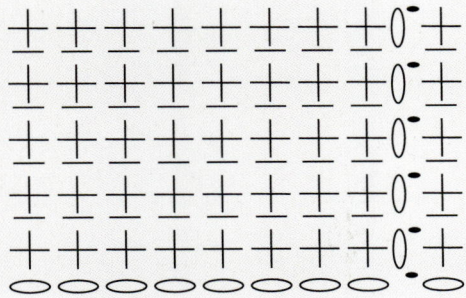

⑤ 한길긴뜨기의 앞걸어뜨기

앞단의 한길긴뜨기 다리에 코바늘을 넣은 뒤 바늘에 걸어둔 실을 끌어올려서 뜨는 뜨개법입니다. 뜨개코가 세로로 도드라져 보입니다. 여기서는 3코에 한 번씩 앞걸어뜨기를 했습니다.

사용한 뜨개법
→50쪽 <한길긴뜨기> · 60쪽 <앞걸어뜨기>

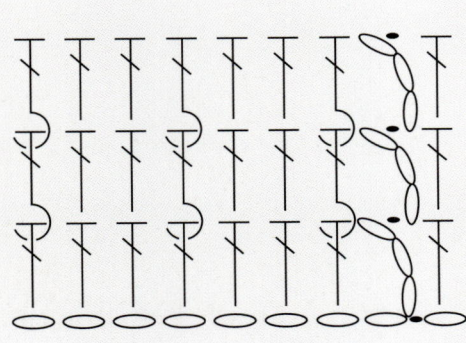

6 한길긴뜨기의 뒤걸어뜨기

앞단의 한길긴뜨기 다리 안쪽에서부터 코바늘을 넣은 뒤, 바늘에 걸어둔 실을 끌어올려서 뜹니다. 뒤걸어뜨기를 한 부분이 움푹 패어 보입니다. 여기서는 3코에 한 번씩 뒤걸어뜨기를 했습니다.

사용한 뜨개법
→50쪽 <한길긴뜨기> · 61쪽 <뒤걸어뜨기>

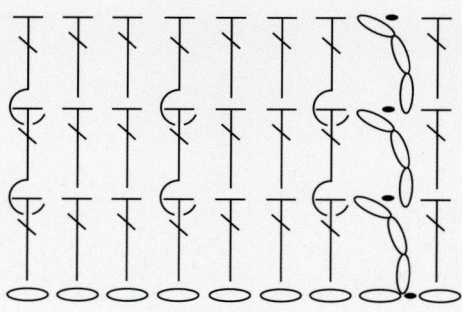

7 쌀뜨기

사슬뜨기와 짧은뜨기를 번갈아 뜬 뒤, 2단 이후부터는 1단과 번갈아가며 사슬뜨기와 앞단의 사슬뜨기를 묶음으로 줍는 짧은뜨기를 반복합니다. 짧은뜨기로 뜬 편물보다 촉감이 더 부드럽습니다.

사용한 뜨개법
→38쪽 <사슬뜨기> · 44쪽 <짧은뜨기>

⑧ 쌀뜨기 : 색을 바꾸는 경우

7의 쌀뜨기와 뜨개법은 같지만 1단마다 색을 바꿔서 3가지 색으로 뜨는 것이 특징입니다. 앞단의 색과 어울리는 색으로 뜨면 깔끔한 느낌의 편물이 됩니다.

사용한 뜨개법
→38쪽 <사슬뜨기> · 44쪽 <짧은뜨기>

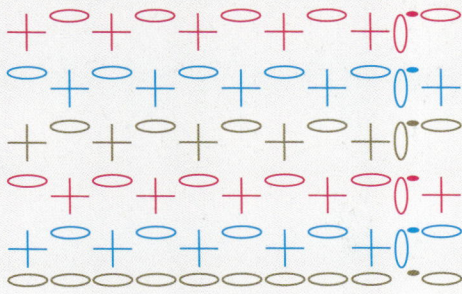

⑨ 링뜨기

왼손의 가운뎃손가락으로 원하는 링의 길이만큼 실을 누른 상태에서 바늘을 아래로 내리면서 짧은뜨기를 뜹니다. 그러면 편물 안쪽에 '링'이 생깁니다. 사진의 견본은 모헤어 실을 사용해서 떴습니다.

사용한 뜨개법
→65쪽 <링뜨기>

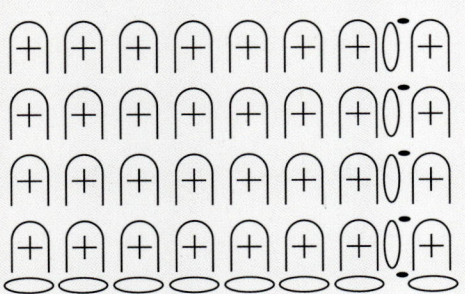

10 크로커다일 스티치

편물이 생선 비늘 혹은 꽃잎처럼 보이는 뜨개법입니다. 1단은 한길 긴뜨기 2코 모아뜨기와 사슬뜨기 2코로 뜨고, 2단은 앞단의 한길 긴뜨기 다리에 한길긴뜨기 10코와 사슬뜨기 1코를 떠 넣습니다.

사용한 뜨개법
→38쪽 <사슬뜨기> · 50쪽 <한길긴뜨기>

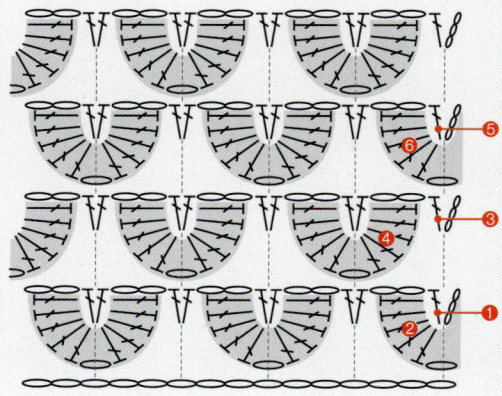

11 크로커다일 스티치 : 색을 바꾸는 경우

10의 크로커다일 스티치를 2단씩 색을 바꿔서 뜨면 입체적이면서도 컬러풀한 편물이 됩니다. 실 색상을 그라데이션으로 바꿔서 뜰 수도 있습니다.

사용한 뜨개법
→38쪽 <사슬뜨기> · 50쪽 <한길긴뜨기>

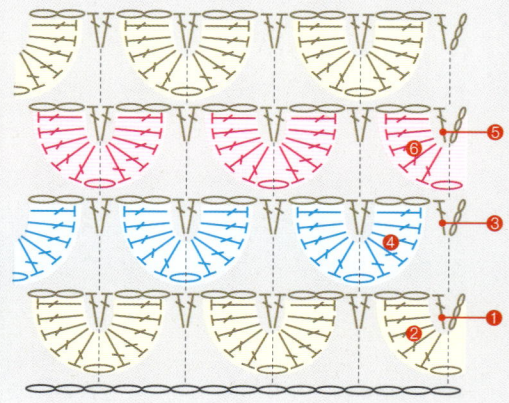

12 버블뜨기

'방울뜨기'라고도 하며, 짧은뜨기 사이에 사슬 2코로 기둥코를 만든 뒤에 코 늘리기로 긴뜨기 2코를 떠 넣습니다. 긴뜨기를 떠 넣은 부분이 볼록해지면서 입체적인 무늬뜨기가 됩니다.

사용한 뜨개법
→38쪽 <사슬뜨기> · 44쪽 <짧은뜨기> · 47쪽 <긴뜨기>

13 버블뜨기 : 색을 바꾸는 경우

12의 버블뜨기에서 코 늘리기를 하는 부분만 2가지 색으로 바꿔서 떴습니다. 평평한 바탕 편물에 비해 색을 바꾼 부분은 물방울 모양처럼 볼록 튀어나와 보입니다.

사용한 뜨개법
→38쪽 <사슬뜨기> · 44쪽 <짧은뜨기> · 47쪽 <긴뜨기>

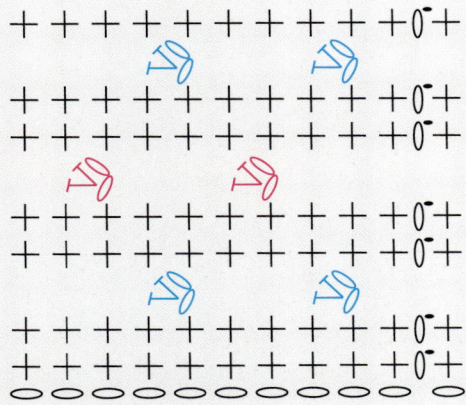

기초부터 응용까지 활용하는 편물 패턴

14 솔잎뜨기

솔잎 모양처럼 보이는 뜨개법입니다. 짧은뜨기 1코를 뜬 뒤, 2코 건너뛴 다음 코에 한길긴뜨기 5코를 떠 넣고 다시 2코를 건너뛰는 과정을 반복합니다. 2단 이후부터는 앞단의 짧은뜨기에 한길긴뜨기 5코를 떠 넣습니다.

사용한 뜨개법
→44쪽 <짧은뜨기> · 50쪽 <한길긴뜨기>

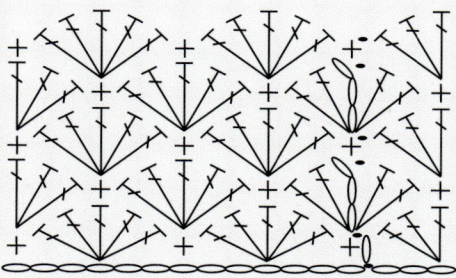

15 솔잎뜨기 : 색을 바꾸는 경우

14의 솔잎뜨기를 1단마다 색을 바꿔가며 3가지 색으로 떴습니다. 색을 바꾸는 과정이 복잡해보이지만, 짧은뜨기와 한길긴뜨기만 반복하면 되기 때문에 의외로 간단합니다.

사용한 뜨개법
→44쪽 <짧은뜨기> · 50쪽 <한길긴뜨기>

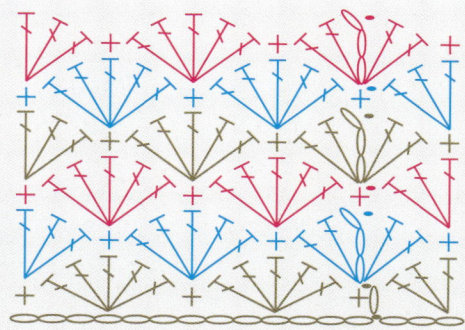

16 보풀 만들기

모헤어 실로 짧은뜨기를 뜬 뒤, 기모 브러시를 사용해서 편물의 표면에 보풀을 만듭니다. 같은 짧은뜨기라도 사용하는 실을 바꿔서 보풀을 만들어주면 작품 분위기가 완전히 달라집니다.

사용한 뜨개법
→44쪽 <짧은뜨기>

17 배색뜨기①

바탕색으로 짧은뜨기를 3코 뜬 뒤에 배색실로 1코를 뜨는 방법입니다. 견본은 1단씩 걸러서 하늘색과 분홍색을 번갈아 떠 넣습니다.

사용한 뜨개법
→44쪽 <짧은뜨기>

18 배색뜨기 ②

바탕색의 짧은뜨기를 뜨는 도중에 색을 바꾼 부분을 모아서 떠 넣는 뜨개법입니다. 원하는 무늬가 생기도록 콧수를 생각하면서 뜹니다.

사용한 뜨개법
→44쪽 <짧은뜨기>

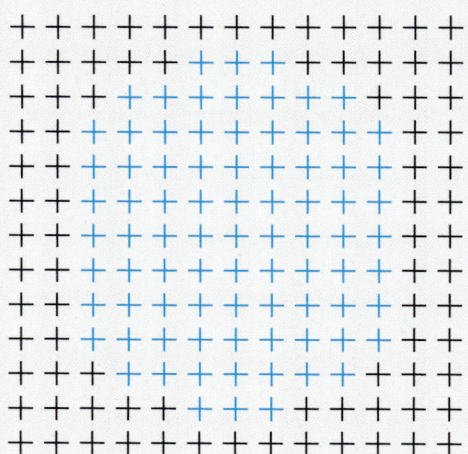

19 코 늘리기와 코 줄이기

짧은뜨기를 뜨는 도중에 짧은뜨기 1코에 '한길긴뜨기 5코 늘려뜨기'의 코 늘리기와 '한길긴뜨기 5코 모아뜨기'의 코 줄이기를 떠 넣어서 구슬뜨기를 만들었습니다. 겉쪽은 볼록하고 안쪽은 움푹 패어 보입니다.

사용한 뜨개법
→44쪽 <짧은뜨기> · 50쪽 <한길긴뜨기> ·
86쪽 <구슬뜨기>

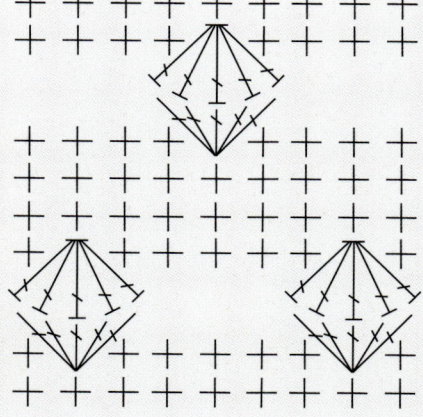

20 와플뜨기

한길긴뜨기를 뜨는 도중에 편물이 세로로 도드라지는 앞걸어뜨기와 편물이 움푹 패어 보이는 뒤걸어뜨기를 조합해서 뜨는 뜨개법입니다.

사용한 뜨개법
→50쪽 <한길긴뜨기>·60쪽 <앞걸어뜨기>·
 61쪽 <뒤걸어뜨기>

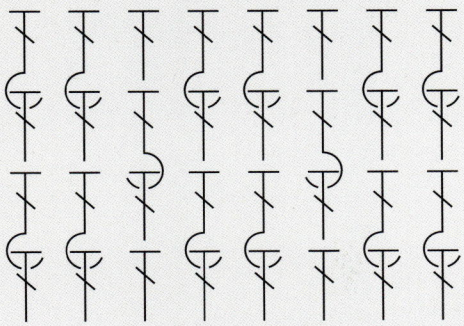

21 한길긴뜨기의 무늬뜨기①

'한길긴뜨기 3코 늘려뜨기'의 코 늘리기와 사슬뜨기의 조합입니다. 2단 이후에는 한길긴뜨기 3코의 두 번째 코에서 2단 아래의 코를 주워서 뜹니다. 단마다 색을 바꾸면 무늬가 서로 얽혀 있는 것처럼 보입니다.

사용한 뜨개법
→38쪽 <사슬뜨기>·50쪽 <한길긴뜨기>

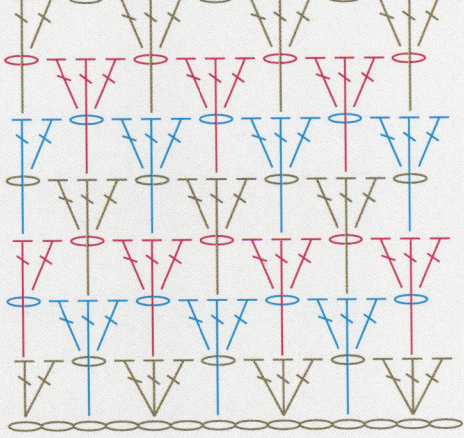

22 한길긴뜨기의 무늬뜨기②

'한길긴뜨기 2코 모아뜨기'의 코 줄이기와 사슬뜨기, 짧은뜨기의 조합입니다. 2코 1무늬로, '한길긴뜨기 2코 모아뜨기'의 코 줄이기는 2단 아래의 코를 주워서 뜹니다. 2단마다 색을 바꿔서 서로 얽혀 있는 듯한 무늬를 만듭니다.

사용한 뜨개법
→38쪽 <사슬뜨기> · 44쪽 <짧은뜨기> ·
　50쪽 <한길긴뜨기>

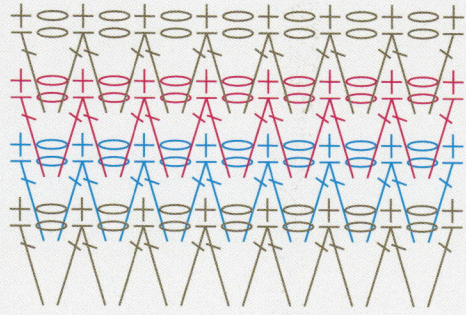

23 뒤짧은뜨기

짧은뜨기를 반대 방향으로 뜨는 뜨개법입니다. 편물의 안쪽 면에 코바늘을 넣어서 뜨고, 실 거는 법도 반대로 합니다. 이렇게 하면 짧은뜨기와 마찬가지로 또렷한 인상을 주는 편물이 생깁니다.

사용한 뜨개법
→57쪽 <뒤짧은뜨기>

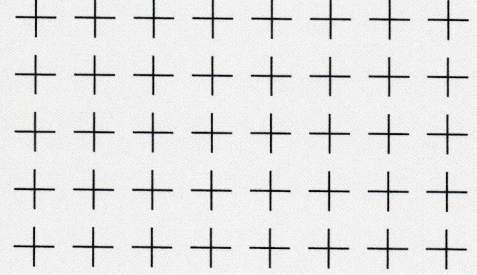

STEP 4

손뜨개 인형 _ 조립하기

코바늘뜨기로 뜬 인형의 각 부위를 연결해서 조립하거나,
뜨면서 입체로 만들 때 필요한 테크닉들을 소개합니다.

돗바늘에 실 꿰기

편물끼리 잇거나 꿰맬 때, 수를 놓을 때 돗바늘을 사용합니다.

STEP 4

1 손가락 위에 실을 올려놓고 그 위에 돗바늘의 구멍이 보이게 올려놓습니다.

2 돗바늘의 머리 부분에 실 끝을 접어 겹칩니다.

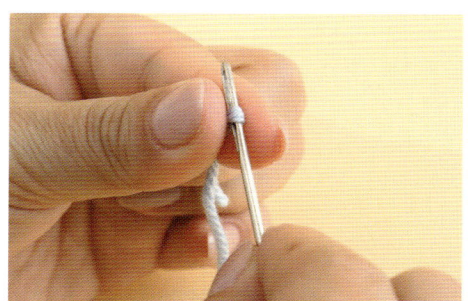

3 실을 세게 잡아당겨 돗바늘을 감싼 상태에서 집게손가락과 엄지손가락으로 누릅니다.

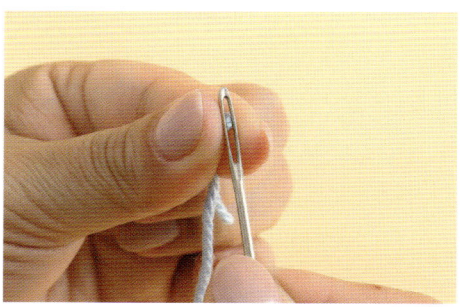

4 손가락으로 실을 누른 상태에서 돗바늘을 빼낸 뒤, 실을 접은 부분을 돗바늘 구멍 가까이에 댑니다.

5 접은 상태의 실을 돗바늘 구멍에 꿰웁니다.

6 돗바늘의 구멍으로 나온 실을 끌어냅니다. 실 끝은 10cm 정도 여유 있게 남깁니다.

돗바늘로 매듭 만들기

초보자도 쉽게 따라할 수 있는 기본 매듭 방법입니다.

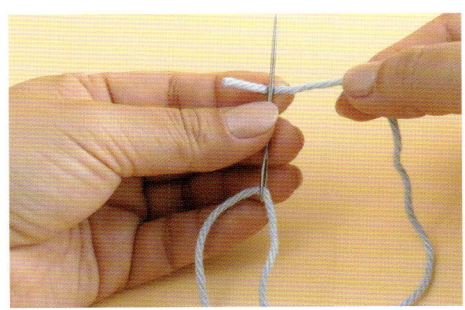

1 매듭을 만들 위치(실 끝 쪽)에 돗바늘을 올려놓습니다.

2 돗바늘에 실을 3번 정도 감습니다(가는 실은 넉넉하게 감아줍니다).

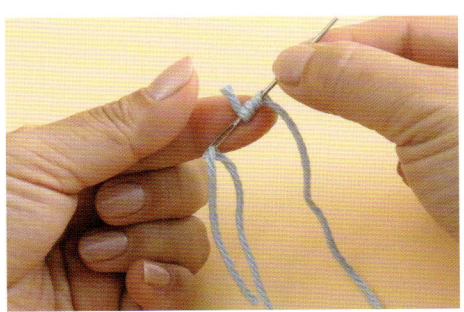

3 감은 부분을 집게손가락과 엄지손가락으로 잡고 누릅니다.

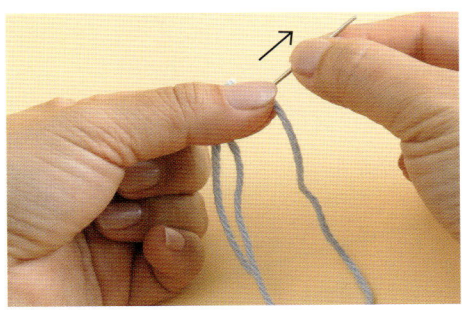

4 손가락으로 세게 누르고 있는 상태에서 돗바늘을 잡아당깁니다.

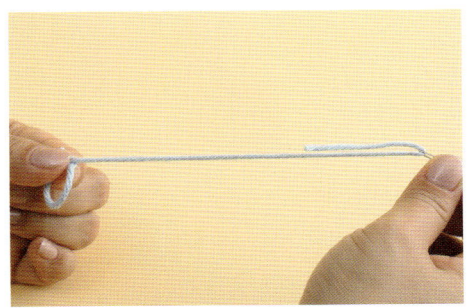

5 손가락으로 누르면서 실을 끝까지 잡아당깁니다.

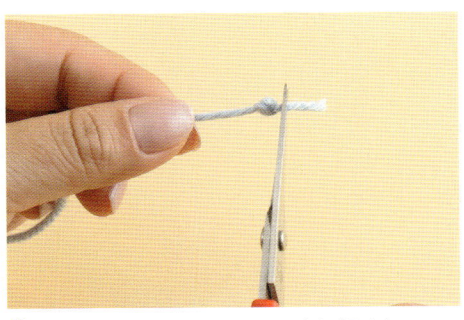

6 매듭이 완성되었습니다. 실 끝은 짧게 자릅니다.

Tip 꿰매기 · 감치기 · 잇기

손뜨개 인형의 각 부위를 뜨고 나면 조립을 합니다. 책에서 사용한 여러 가지 조립 방법을 소개합니다.

STEP 4

꿰매어 잇기

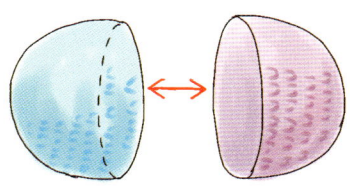

2개의 편물의 뜨기 끝부분의 뜨개코끼리 이을 때 사용하는 방법입니다.

감침질로 연결하기

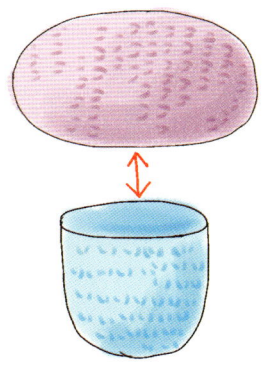

입체 편물에 다른 입체 편물의 끝부분을 연결할 때 사용하는 방법입니다. ㄷ자 모양으로 감치기, 말아 감치기, 접어서 감치기 3종류가 있습니다.

이어 붙이기

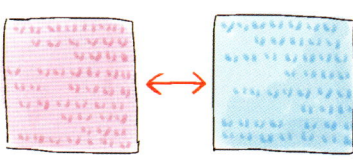

2개 면의 가장자리끼리 잇는 방법으로, 뜨개코의 머리 앞쪽과 안쪽 중 어느 쪽을 줍느냐에 따라 인상이 달라집니다.

감침질로 꿰매기

1개 편물의 끝과 끝에 있는 뜨개코끼리 서로 맞춰서 연결하는 방법입니다.

꿰매어 잇기

2개의 편물을 실로 꿰매어 잇는 방법입니다.
※ 여기서는 이해를 돕기 위해 꿰매어 잇는 실을 다른 색으로 바꿔서 떴습니다.

1 한쪽 편물(이하·보라색) 뜨기 끝부분의 실을 길게 남겨서 돗바늘에 꿰니다. 마지막 코의 안에서 밖으로 실을 빼둡니다.

2 다른 쪽 편물(이하·분홍색)과 기둥코의 위치를 맞춰놓고 옆에 있는 코의 밖에서 안으로 돗바늘을 통과시킵니다.

3 보라색의 1에서 빼냈던 코의 바로 옆에 있는 코에 안에서 밖으로 돗바늘을 통과시킨 뒤, 실을 잡아당깁니다.

4 1코 꿰매어 이은 모습입니다.

5 실을 1코씩 세게 잡아당기면서 꿰매어 잇습니다. 4코 꿰맨 모습입니다.

감침질로 연결하기

편물의 옆면에 다른 부위의 편물을 연결할 때 사용하는 방법입니다.
각각의 방식에 따라 완성된 모습에 차이가 있으므로 원하는 방식을 골라 사용합니다.

STEP 4

▶ ㄷ자 모양으로 감치기

1 A부위(하늘색) 뜨기 끝부분의 실을 돗바늘에 꿴 뒤, 첫 번째 코의 겉쪽으로 빼냅니다.

2 연결할 위치를 확인합니다. 기둥코 부분이 눈에 띄지 않는 위치로 오도록 배치합니다.

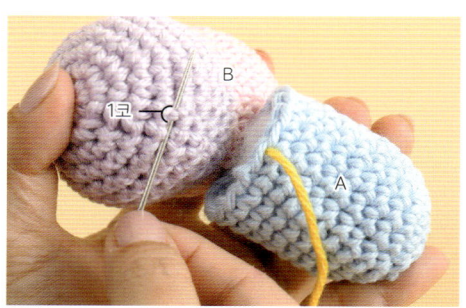

3 B(분홍색&보라색)를 연결할 위치에서 1코를 줍습니다.

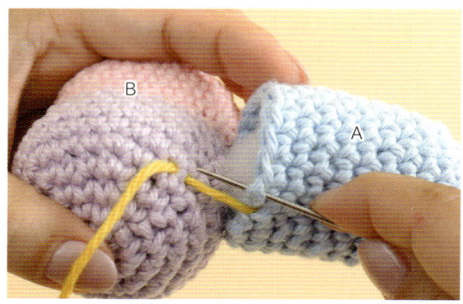

4 A 뜨개코의 머리를 밖에서 안으로 1코 줍습니다.

5 B에서 실이 나와 있는 위치에 돗바늘을 다시 넣고 1코 앞쪽으로 돗바늘을 빼냅니다.

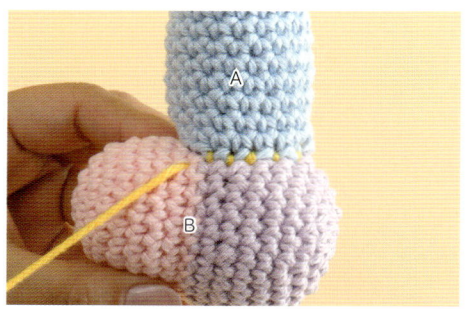

6 4~5를 반복해서 마지막까지 감침질로 연결합니다.

▶ **말아 감치기**

1 편물에 달 A부위(하늘색) 뜨기 끝부분의 실을 돗바늘에 꿴 뒤, 첫 번째 코의 겉쪽으로 빼냅니다. B(분홍색&보라색)를 달 위치에서 비스듬히 1코를 줍습니다.

2 A의 다음 뜨개코 머리에 안에서 밖으로 돗바늘을 빼냅니다.

3 B의 다음 코를 비스듬히 줍습니다.

4 2~3을 반복해서 마지막까지 감침질을 합니다.

한 코씩 실을 잡아당기면서 감침질하면 깔끔하게 완성할 수 있어요.

STEP 4

▶ 접어서 감치기

STEP 4

1 A(분홍색)를 접어서 감침질로 연결합니다. A의 뜨기 끝부분 실을 돗바늘에 꿰어 겉으로 빼낸 뒤, B에 연결할 위치를 한 땀 줍습니다.

2 실을 B의 편물에 통과시킨 모습입니다.

3 A를 눌러서 접어 겹친 뒤, 2장의 뜨개코 머리를 모두 모아서 줍습니다.

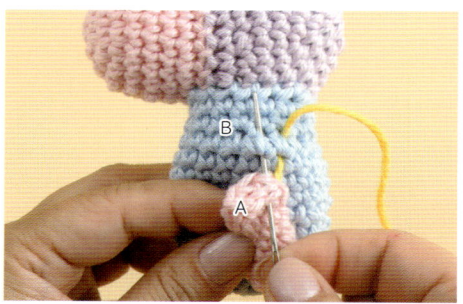

4 1의 옆쪽을 한 땀 줍습니다.

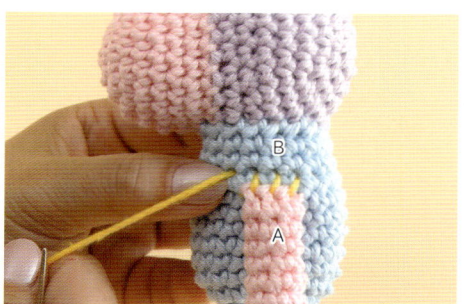

5 마지막까지 감침질로 연결한 모습입니다.

평면끼리 감침질로 연결하기

평면의 편물끼리 서로 겹쳐놓고 감침질로 연결하는 방법입니다.
위쪽에 있는 편물의 뜨개코를 어떻게 줍느냐에 따라 인상이 달라집니다.

▶ 뜨개코 머리를 남기고 감침질하기 : A의 편물을 그대로 살리고 싶을 때 사용합니다.

1 A(노란색)의 뜨기 끝부분 실을 돗바늘에 꿰입니다. 뜨개코 머리의 안쪽에서 겉쪽으로 돗바늘을 통과시킵니다.

2 바로 옆에 있는 코에 돗바늘을 넣고 그대로 B(하늘색)의 안쪽까지 돗바늘을 꽂습니다.

3 B의 안쪽에서 겉쪽으로 돗바늘을 넣은 뒤, 그대로 A의 다음 뜨개코 머리 안쪽에서 겉쪽으로 돗바늘을 빼냅니다.

뜨개코의 머리가 보입니다

4 2~3을 반복해서 감침질로 연결합니다.

▶ 뜨개코 머리 안쪽 한 가닥 줍기 : 편물A의 가장자리를 눈에 띄게 하고 싶을 때 사용합니다.

1 뜨개코의 머리 안쪽 한 가닥을 주워서 감칩니다.

2 B(하늘색)를 한 땀 주운 뒤에 A의 다음 뜨개코의 머리 안쪽 한 가닥을 줍는 과정을 반복합니다.

STEP 4

▶ **뜨개코 머리 앞쪽 한 가닥 줍기** : 편물A의 가장자리가 얇게 마무리되기 때문에 B와 자연스럽게 이어지도록 할 때 사용합니다.

1 뜨개코의 머리 앞쪽 한 가닥을 줍습니다.

2 B(하늘색)를 한 땀 주운 뒤에 A의 다음 뜨개코 머리 앞쪽 한 가닥을 줍는 과정을 반복합니다.

▶ **뜨개코 머리 두 가닥 모두 줍기** : 편물A를 감침질로 튼튼하게 연결하고 싶을 때 사용합니다.

1 뜨개코의 머리 두 가닥을 모두 줍습니다.

2 B(하늘색)를 한 땀 주운 뒤에 A의 다음 뜨개코 머리를 줍는 과정을 반복합니다.

마무리하고 싶은 스타일에 맞춰 연결하는 방법을 선택하세요!

이어 붙이기

서로 이웃해 있는 2개의 평면을 이어 붙입니다. 코 줍는 방법에 따라 완성된 모습이 달라집니다.

▶ 뜨개코 머리 앞쪽끼리 줍기

1 2장의 뜨개코 머리 앞쪽끼리 주워서 돗바늘을 넣습니다.

2 그대로 실을 잡아당깁니다. 실 끝은 안쪽에서 정리하기 위해 15cm 정도 남깁니다.

3 오른쪽 뜨개코 머리 앞쪽을 주운 뒤에 왼쪽 뜨개코의 머리 앞쪽을 줍는 과정을 반복합니다. 실은 세게 잡아당기면서 잇습니다.

▶ 뜨개코 머리 두 가닥 모두 줍기 : 편물끼리 튼튼하게 연결하고 싶을 때 사용합니다.

1 2장의 뜨개코 머리 두 가닥을 모두 주워서 돗바늘을 넣습니다.

2 그대로 실을 잡아당깁니다. 실 끝은 안쪽에서 정리하기 위해 15cm 정도 남깁니다.

3 오른쪽 뜨개코 머리 두 가닥을 주운 뒤에 왼쪽 뜨개코의 머리 두 가닥을 줍는 과정을 반복합니다. 실은 세게 잡아당기면서 잇습니다.

▶ 뜨개코 머리 안쪽끼리 줍기 : 편물의 가장자리를 눈에 띄게 하고 싶을 때 사용합니다.

1 양쪽 모두 뜨개코의 머리 안쪽만 줍습니다. 실 끝은 안쪽에서 정리하기 위해 15cm 정도 남깁니다.

2 실을 잡아당깁니다.

3 1과 같은 요령으로 주워서 마지막까지 이어 붙입니다. 이어 붙인 라인이 뚜렷하게 드러납니다.

▶ 뜨개코 머리 안쪽 한 가닥과 뜨개코 머리 두 가닥 모두 줍기 : 줄기뜨기처럼 마무리할 때 사용합니다.

1 한쪽(하늘색)은 뜨개코의 머리 안쪽 한 가닥, 다른 한쪽(보라색)은 뜨개코의 머리 두 가닥을 모두 줍습니다.

2 실을 잡아당깁니다.

3 1과 같은 요령으로 코를 주워서 감침질합니다.

4 마지막까지 쭉 이어 붙입니다.

▶ **ㄷ자 모양으로 잇기** : 이어 붙이기를 한 실을 드러나지 않게 할 때 사용합니다.

1 편물 2장의 뜨개코 머리 앞쪽끼리 주워 돗바늘을 넣습니다.

2 그대로 실을 잡아당깁니다. 실 끝은 안쪽에서 정리하기 위해 15cm 정도 남겨둡니다.

실 끝 ➝

3 돗바늘을 빼낸 위치에서 1코 앞에 있는 뜨개코의 머리 앞쪽에 돗바늘을 넣은 뒤, 맞은편에 있는 편물의 뜨개코 머리 앞쪽을 줍습니다.

4 과정을 되풀이하면서 ㄷ자 모양을 그리듯이 코를 줍습니다.

5 실을 1코씩 세게 잡아당기면서 마지막까지 이어 붙입니다.

STEP 4

STEP 4 손뜨개 인형 _ 조립하기

STEP 4

▶ **뜨개코 머리 두 가닥씩 모두 주워서 ㄷ자 모양으로 잇기**

1 양쪽 편물의 뜨개코 머리 두 가닥씩을 모두 줍습니다.

2 실을 잡아당깁니다.

3 1에서 빼낸 위치의 1단 위쪽에서 뜨개코의 머리 두 가닥씩을 모두 주워 오른쪽 편물로 되돌아옵니다.

4 실을 잡아당깁니다.

5 같은 요령으로 ㄷ자 모양으로 코를 주우면서 계속 감침질을 합니다.

6 마지막까지 모두 감친 모습입니다.

주머니 달기

인형 옷에 주머니를 달거나 소품에 물건을 넣을 수 있도록 주머니를 답니다.

1 본판과 주머니를 각각 뜹니다. 주머니의 실 끝을 길게 남긴 뒤, 실 끝을 돗바늘에 꿴니다.

2 주머니의 실 끝을 겉쪽으로 빼낸 뒤, 본판에 주머니를 감침질로 답니다. 주머니 윗부분의 벌어진 부분이 될 곳은 꿰매지 않습니다.

3 주머니를 단 모습입니다. 여기에서는 뜨개코의 머리 두 가닥을 주워 감침질로 달았습니다.

감침질로 다는 방법은 125~126쪽을 참조하세요!

떠 넣기

편물의 도중에 실을 이어서 코를 떠 넣는 방법입니다. 여기서는 편물의 세로 또는 가로로 코를 주운 뒤, 짧은뜨기(→44쪽)로 떠 넣습니다.

▶ **세로로 줍기** : 뜨개코가 자연스럽게 이어지는 방법입니다.

STEP 4

1 세로로 1단 분량만큼 주운 뒤, 왼손에 준비해둔 다른 실(노란색)을 바늘에 겁니다.

2 바늘을 잡아당겨 앞쪽으로 실을 끌어내서 실을 잇습니다.

3 사슬뜨기 1코로 기둥코를 만듭니다.

4 1에서 바늘을 넣었던 위치에 다시 바늘을 넣습니다.

5 짧은뜨기(→44쪽)를 1코 뜹니다.

6 같은 요령으로 세로로 단을 주우면서 계속 뜹니다.

▶ **가로로 줍기** : 떠 넣은 부분이 얇게 마무리됩니다.

1 떠 넣으려는 부분을 가로로 1코 분량만큼 바늘로 줍습니다.

2 왼손에 걸친 실(노란색)을 바늘에 걸어 끌어내 실을 잇습니다.

3 사슬뜨기 1코로 기둥코를 만듭니다.

4 다음 1코에 바늘을 넣습니다.

5 짧은뜨기(→44쪽)를 뜹니다.

6 같은 요령으로 가로로 코를 주우면서 계속 뜹니다.

합체하기

2개의 편물을 옆으로 나란히 붙여놓고 이어서 뜨는 방법입니다.
한쪽 편물의 뜨고 있던 실을 그대로 사용해서 뜹니다.

STEP 4

1 연결할 A(하늘색)는 미리 떠두고, B(분홍색)는 연결하려는 부분의 바로 전까지만 떠둡니다.

2 B의 실을 그대로 사용해서 뜹니다. A의 떠서 연결하려는 코에 바늘을 넣습니다.

3 A를 한 바퀴 빙 둘러 뜬 모습입니다.

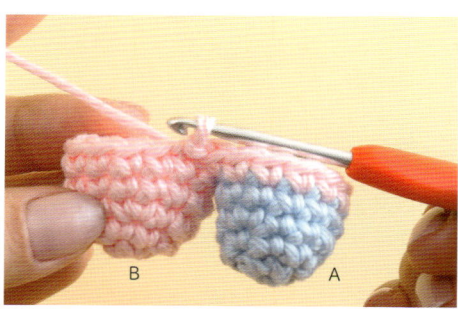

4 B로 되돌아와서 빼뜨기(→54쪽)를 1코 뜨면 A와 B가 이어집니다.

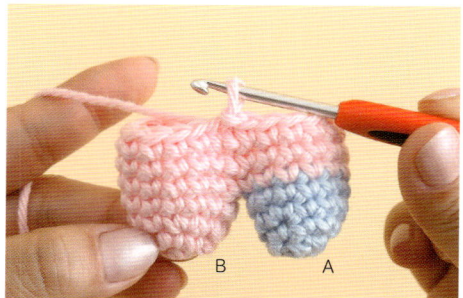

5 A와 B의 경계가 사라졌기 때문에 이후부터는 그대로 쭉 뜨면 됩니다.

솜 채우기

각 부위의 편물을 뜨고 나면 그 속에 솜을 채워서 각 부위를 완성합니다.
작은 부위는 핀셋을 사용해서 솜을 채워 넣습니다.

1 솜은 조금씩 덜어서 가볍게 뭉쳐준 뒤, 핀셋으로 잡습니다.

2 뜨기 끝부분의 구멍으로 솜을 넣습니다. 바깥쪽에서부터 편물의 속을 메우듯이 채워 넣습니다.

3 솜은 편물 사이즈의 3배 정도 양이 들어갑니다. 채워 넣은 양을 확인하면서 뭉치지 않게 고루 들어가게 해서 필요한 만큼의 솜을 추가합니다.

솜을 충분히 채우지 않으면 인형의 형태를 잡기가 어렵습니다.

조여서 막기

솜을 채운 뒤에는 벌어진 부분을 조여서 막아줍니다.

STEP 4

1 뜨개코의 머리 앞쪽 한 가닥에 돗바늘을 통과시킵니다.

2 먼저 첫 번째 뜨개코 머리 두 가닥의 안쪽에서 겉쪽으로 실을 빼냅니다.

3 2의 옆에 있는 뜨개코의 머리 앞쪽 한 가닥만 줍습니다.

4 같은 요령으로 뜨개코의 머리를 모두 줍습니다(이해를 돕기 위해 실 색을 바꾼 상태입니다).

5 마지막에 실을 잡아당겨서 완전히 조이고 실을 정리합니다(→153쪽).

소리 나는 부자재 넣기

방울 딸랑이나 뻭뻭이 등의 소리가 나는 부자재를
손뜨개 인형 속에 넣을 수도 있습니다.

1 소리 나는 부자재를 넣기 전에 편물에 솜부터 채웁니다.

2 솜 속에 손가락을 넣어 부자재를 넣을 홈을 만듭니다.

3 홈에 부자재(여기에서는 방울 딸랑이)를 넣습니다.

4 부자재를 넣은 모습입니다. 부자재가 편물의 중앙에 오도록 자리를 잡아준 뒤, 위쪽에도 솜을 넣고 뚜껑을 달거나 다른 부위의 편물로 꿰매줍니다.

손뜨개 인형에 소리 나는 부자재를 넣으면
아기의 애착 인형이 탄생합니다!

두꺼운 종이 넣기

바닥을 안정감 있게 만들거나 바닥면을 만들고 싶을 때는 두꺼운 종이로 만든 바닥판을 넣어줍니다.

STEP 4

1 바닥면을 만들려는 부분의 편물 크기에 맞춰서 두꺼운 종이를 자릅니다. 바닥면의 사이즈보다 조금 작게 자릅니다.

2 편물 속에 두꺼운 종이를 넣습니다.

3 편물 바닥에 두꺼운 종이가 들어간 모습입니다.

4 튼튼한 원기둥 같은 편물을 만들고 싶을 때는 바닥판을 넣은 뒤에 솜을 넣고, 뚜껑을 닫고 꿰매기 전에 위쪽에도 같은 요령으로 두꺼운 종이를 넣어줍니다.

두껍고 단단한 공작용 종이를 사용하세요.

뚜껑 달기

코 줄이기로 뚜껑 부분을 뜨는 것이 아니라
따로 편물을 떠서 달아주는 방법입니다.

1 뚜껑을 뜨고서 실 끝을 길게 남겨둡니다. 실 끝에 돗바늘을 꿴 뒤, 편물의 겉쪽으로 빼냅니다.

2 본판 뜨개코의 머리 두 가닥을 모두 주운 뒤, 뚜껑 뜨개코의 머리 안쪽을 줍습니다.

3 같은 요령으로 뜨개코의 머리를 주우면서 꿰맵니다. 뚜껑 쪽에도 두꺼운 종이를 넣는다면 뚜껑을 절반 정도 달아둔 상태에서 넣어줍니다.

4 뚜껑을 완전히 꿰맨 모습입니다.

와이어 넣기

인형 속에 공예용 와이어를 넣어서 자유롭게 움직일 수 있도록 만듭니다.
여기에서는 팔과 다리에 각각 와이어를 넣는 방법을 설명합니다.

STEP 4

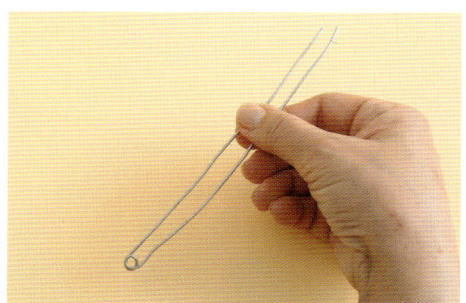

1 와이어(1mm 혹은 1.5mm 굵기)는 팔·다리보다 5배 정도 길게 잘라서 준비합니다. 와이어의 중앙에서 뜨개코 사이로 비어져 나오지 않을 정도의 사이즈로 구부려 고리를 만든 뒤, 반으로 접습니다.

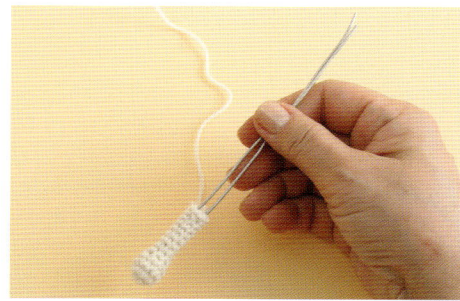

2 편물 끝부분에 와이어의 고리 부분이 들어가도록 와이어를 끼워 넣습니다.

3 편물과 와이어 틈으로 솜을 채워 넣습니다.

4 뜨기 시작 부분의 실을 돗바늘에 꿴 뒤(새로운 실을 이어도 됩니다), 편물의 끝부분으로 빼냅니다. 바늘이 와이어의 고리 속을 지나가게 하면서 두세 번 왕복한 뒤, 실 끝을 정리합니다(→153쪽).

5 편물을 달 위치의 뜨개코 사이로 와이어를 끼웁니다.

6 편물의 뜨기 끝부분 실을 사용해서 감침질로 달아줍니다.

7 감침질로 연결하고 나면 편물 안쪽에서 실을 정리합니다 (→155쪽).

8 한쪽 팔을 연결한 모습입니다.

9 같은 요령으로 나머지 편물들도 모두 연결합니다.

10 모두 달고 나면 와이어의 끝부분들을 한데 모아서 비틀어 감아줍니다. 와이어가 너무 길게 남은 경우에는 와이어를 자른 뒤에 한데 모아 정리합니다.

11 와이어의 끝부분이 편물 밖으로 나오지 않도록 마스킹 테이프로 감아둡니다.

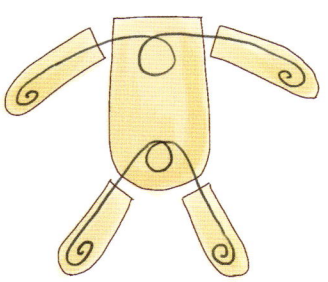

편물이 작거나 와이어가 굵은 경우에는 와이어를 접지 않고 그대로 사용합니다.

손뜨개 인형
컬렉션

왠지 미워할 수 없는 표정의 프랑켄슈타인이에요. 인형눈을 달고 그 위에 눈꺼풀을 수놓았더니 아련한 눈빛을 지닌 괴물이 되었네요.

※ 모든 작품은 참고용입니다.

여러 가지 색을 사용한 프린지로 사자의 갈기를 만들었습니다. 다리와 몸통을 합체해 뜨는 테크닉으로 깜찍한 사자가 탄생했습니다.

동글동글 통통한 몸매의 귀여운 복어 인형입니다. 배색뜨기로 색을 바꿔서 뜬 비늘무늬가 포인트랍니다.

같은 사자라도 만드는 스타일이 다르면 인형의 인상도 완전히 달라집니다. 프릴로 갈기를 만들면 온순하고 착한 느낌의 사자를 만들 수 있어요.

기다란 꼬리와 하늘색 크리스털 눈을 가진 매력적인 아기 고양이입니다. 모헤어 실로 모자를 뜨면 더욱 따뜻하고 포근한 분위기를 연출할 수 있어요.

연어를 물고 있는 야생 곰의 모습도 손뜨개 인형
으로 만들면 귀엽고 깜찍하게 변신한답니다.

STEP 5

손뜨개 인형
_ 정리하기와 마무리하기

뜨개질을 마친 뒤에 가장자리 뜨개코를 정리하거나
편물 안쪽에서 실 끝을 정리하는 방법 등을 완벽하게 알아두면
깔끔하게 완성할 수 있습니다.
부자재 다는 방법, 머리카락 만드는 방법 등
마무리할 때의 포인트도 함께 알아두세요.

정리하기

뜨개질을 마무리할 때 코를 막는 방법과 감침질로 연결한 뒤에 실을 정리하는 방법, 실 끝을 정리하는 방법에는 다양한 패턴이 있습니다.

STEP 5

코 막는 방법

뜨개질을 마무리할 때 코를 막는 방법에는 3가지 종류가 있습니다. '사슬뜨기로 잇기'는 겉모습이 뜨개코의 머리처럼 보이는 방법입니다. 빼뜨기와 사슬로 막는 방법은 매우 간단합니다.

사슬뜨기로 잇기는 이음매가 보이지 않기 때문에 깔끔하게 마무리할 수 있는 방법입니다.

▶ 사슬뜨기로 잇기

1 뜨기 끝부분의 실 끝은 20cm 정도 남기고 자릅니다.

2 바늘을 뺀 뒤, 쉬어두었던 고리의 실 끝 쪽을 빼냅니다.

3 실 끝을 돗바늘에 꿥니다.

4 첫 번째 코 머리 두 가닥을 줍습니다.

5 실을 적당히 잡아당깁니다.

사슬코 산

6 실이 나와 있는 곳(마지막 뜨개코의 머리 사이)에 돗바늘을 다시 꽂습니다. 이때 사슬코 산에도 실을 통과시킵니다.

7 그 상태에서 실을 조금씩 잡아당깁니다.

8 먼저 앞쪽 실을 양옆에 있는 뜨개코 머리의 너비에 맞춰 잡아당깁니다.

9 그런 뒤에 실 끝을 잡아당겨서 안쪽 실도 뜨개코의 머리의 너비에 맞춰 잡아당깁니다.

10 뜨개코들과 마찬가지로 깔끔하게 코를 막은 모습입니다.

▶ **사슬뜨기로 막기** : 뜨기 끝부분이 느슨해지지 않는 기본적인 코 막는 방법입니다.

1 빼뜨기로 막기(→149쪽)의 **1~3**과 같은 요령으로 첫 번째 코를 주워서 빼뜨기(→54쪽)를 합니다. 한 번 더 바늘에 실을 겁니다.

2 1에서 바늘에 건 실로 사슬뜨기(→39쪽)를 1코 뜹니다.

3 그대로 실 끝을 끌어냅니다.

4 벌어진 부분이 느슨해지지 않는 방법입니다. 보통 뜨개질을 마무리할 때 이 방법으로 코를 막습니다.

▶ **코바늘을 사용하지 않을 경우**

1 빼뜨기로 막기(→149쪽)의 **1~3**과 같은 요령으로 첫 번째 코를 주워서 빼뜨기를 하고 나서 고리를 크게 끌어낸 뒤, 바늘을 뺍니다.

2 고리 속으로 실 끝을 끌어내서 완전히 조입니다. 고리가 줄어들면서 사라집니다.

▶ **빼뜨기로 막기** : 뜨기 끝부분이 느슨해지기 때문에 반드시 돗바늘로 실을 정리해야 하는 방법입니다.

1 뜨기 끝부분의 빼뜨기(→54쪽)를 합니다. 첫 번째 코에 바늘을 넣습니다.

2 바늘에 실을 겁니다.

3 바늘에 걸려 있는 고리 속으로 실을 한 번에 빼냅니다.

4 바늘을 빼고 실을 쉬어둔 뒤, 실 끝을 20cm 정도 남기고 자릅니다.

5 쉬어두었던 고리의 실 끝 쪽을 잡아당깁니다.

6 그대로 실 끝을 끌어냅니다.

STEP 5 손뜨개 인형 _ 정리하기와 마무리하기

실 정리하기① 두 번 묶기

편물을 뜨는 도중에 실을 바꾼 경우에는 안쪽에서 실 끝끼리 묶어서 정리합니다.
두 번 통과시켜서 묶는 과정을 두 번 반복하기 때문에 실이 잘 풀리지 않습니다.

1 뜨기 끝부분의 실과, 바꾼 실의 뜨기 시작 부분은 각각 10cm 정도 남기고 자릅니다.

2 실 두 가닥을 교차시킵니다.

3 2의 화살표처럼 한쪽 실을 통과시킵니다.

4 3의 화살표처럼 3에서 통과시켰던 실을 한 번 더 통과시킵니다.

5 실을 잡아당겨서 편물 위쪽에서 묶습니다.

6 한 번 더 두 가닥을 교차시킵니다.

7 3과 같은 요령으로 한쪽 실을 통과시킵니다.

8 4와 같은 요령으로 한 번 더 통과시킵니다.

9 실 두 가닥을 양옆으로 잡아당깁니다.

10 편물 위쪽에서 튼튼하게 묶습니다.

11 실 끝은 1cm 정도 남기고 자릅니다.

12 실을 정리한 모습입니다.

STEP 5 손뜨개 인형 _ 정리하기와 마무리하기

실 정리하기② **감싸면서 뜨기**

실을 바꿀 때 정리하는 쪽의 실을 감싸면서 뜨는 방법입니다.
※ 여기서는 짧은뜨기로 설명했으나 다른 뜨개법들도 방법은 같습니다.

STEP 5

1 새로운 실(분홍색)로 바꾼 뒤, 다음 코에 바늘을 넣습니다.

2 정리하려는 실 끝(하늘색)을 바늘 위에 걸쳐 놓습니다.

3 분홍색 실을 바늘에 겁니다.

4 짧은뜨기(→44쪽)를 뜹니다.

5 같은 요령으로 5코 정도를 뜬 뒤, 하늘색 실은 5mm 정도 남기고 자릅니다.

6 하늘색 실의 실 끝 부분이 감싸져서 실 정리가 끝난 모습입니다.

실 끝 정리하기 ① **솜에 끼우기**

조여서 막기를 한 뒤에나 편물끼리 감침질로 연결한 뒤에는 실 끝을 솜 안에 끼워서 정리합니다.

1 실 끝을 돗바늘에 꿰어 조여서 막기(→136쪽)를 한 뒤에는 편물 중심에 바늘을 꽂습니다.

2 바늘을 꽂아 실을 솜에 끼운 뒤, 뜨개코 사이로 바늘을 빼 냅니다. 정리할 실과 같은 색으로 뜬 부분이 있을 경우에는 그 부분에서 실을 정리하면 눈에 잘 띄지 않습니다.

3 그대로 실을 잡아당깁니다. 편물이 땅기지 않을 만큼만 적당히 잡아당깁니다.

4 실을 빼낸 위치에 돗바늘을 대고 실을 세 번 감습니다.

5 감은 부분을 손가락으로 누르면서 돗바늘을 빼내면 매듭이 만들어집니다.

6 3에서 실을 빼낸 곳과 같은 위치에 돗바늘을 다시 꽂은 뒤, 다른 위치에서 빼냅니다.

STEP 5

7 빼낸 실을 천천히 잡아당깁니다.

8 매듭이 편물 속으로 들어갈 때까지 끌어넣습니다.

9 같은 요령으로 실을 빼낸 위치에 돗바늘을 꽂습니다. 솜에 통과시킨 뒤, 돗바늘을 빼내고 실을 잡아당깁니다. 매듭은 짓지 않습니다.

10 9를 한두 번 반복합니다.

11 마지막은 편물 가까이에서 실 끝을 자릅니다.

실 끝 정리하기② 편물 안쪽에 끼우기

솜을 넣지 않는 평면의 편물 안쪽에서 실 끝을 정리할 때 사용하는 방법입니다.
같은 색상의 편물 쪽에서 정리해야 더 깔끔하게 마무리할 수 있습니다.

1   뜨기 끝부분의 실이나 꿰매고 난 실을 돗바늘에 꿴 뒤, 편물 안쪽에서 뜨개코 실 속으로 끼웁니다. 실이 겉으로 나오지 않도록 주의합니다.

2   실을 잡아당기는데, 편물이 땅기지 않을 만큼만 잡아당깁니다.

3   마지막에 끼운 한 땀만큼 되돌아와서 다시 바늘을 넣습니다.

4   3에서 되돌아온 위치에서 몇 땀 앞쪽까지 같은 요령으로 끼웁니다.

5   실을 잡아당깁니다.

6   실 끝을 5mm 정도 남기고 자릅니다.

실 끝 정리하기③ 편물에 여유가 없는 경우

실 끝 정리하기②(→155쪽)와 마찬가지로 편물 안쪽에 통과시켜서 정리하는 방법이지만, 편물에 여유가 없는 경우에는 실을 겹쳐서 정리합니다.

STEP 5

1 실 끝을 돗바늘에 꿴 뒤, 실 끝 정리하기②(→155쪽)의 1~2와 같은 요령으로 편물 안쪽에 끼웁니다.

2 실을 잡아당깁니다.

3 이번에는 한 땀 앞쪽에 있는 코를 진행 방향의 반대 방향에서 줍습니다.

4 1과 같은 코로 되돌아오면서 끼웁니다.

5 실을 잡아당기는데, 편물이 당기지 않을 만큼만 잡아당깁니다.

6 실 끝을 5mm 정도 남기고 자릅니다.

마무리하기

조립한 손뜨개 인형에 자수 스티치나 부자재를 사용해서 얼굴과 머리카락을 만들어서 마무리합니다.

자수 시작하는 방법

얼굴이나 손끝, 발끝 등에 수를 놓을 때는 반드시 이 방법으로 시작합니다. 실이 밖으로 나오지 않고 깔끔하게 마무리됩니다.

손뜨개 인형에 수를 놓을 때는 자수 실 대신 털실로 수를 놓아도 귀엽답니다!

STEP 5

1 자수용 실을 돗바늘에 꿴 뒤, 매듭을 짓습니다. 편물 사이로 돗바늘을 넣어 솜을 뜬 뒤, 여러 코 앞에 있는 뜨개코 사이로 돗바늘을 빼냅니다.

2 실을 천천히 잡아당깁니다.

3 매듭이 속으로 들어갈 때까지 천천히 실을 잡아당깁니다. 실이 제대로 고정되어 있는지 확인합니다.

4 실을 빼낸 위치에 돗바늘을 넣은 뒤, 자수를 시작할 위치로 실을 빼냅니다.

자수 스티치의 종류

손뜨개 인형을 만들 때 주로 사용하는 자수 스티치를 소개합니다.

STEP 5

스트레이트 스티치→159쪽

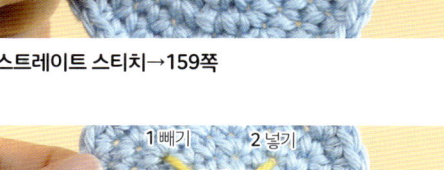

플라이 스티치→160쪽

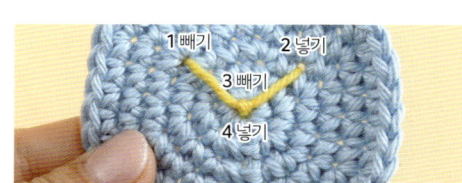

변형 플라이 스티치(V자)→161쪽

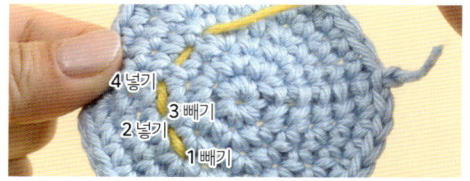

러닝 스티치→161쪽

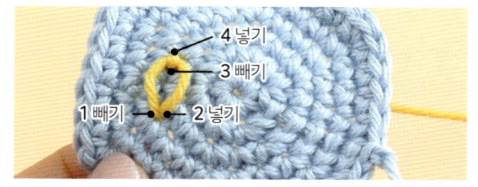

레이지데이지 스티치→162쪽

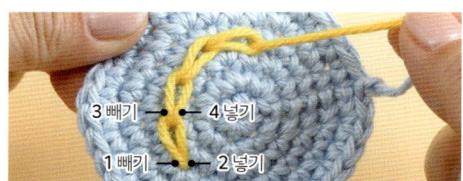

체인 스티치→163쪽

백 스티치→164쪽

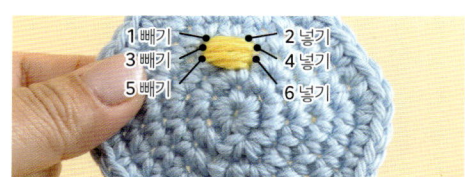

새틴 스티치→165쪽

프렌치너트 스티치→166쪽

불리온 스티치→167쪽

스트레이트 스티치

돗바늘을 빼낸 위치에서 일직선으로 수를 놓아 만드는 스티치입니다.
라인을 만들 때 사용합니다.

1 편물의 안에서 겉으로 돗바늘을 빼냅니다.

2 겉에서 안으로 돗바늘을 넣습니다.

3 뜨개코를 따라 2코 너비로 스티치를 한 모습입니다.

4 뜨개코 2단 너비로 스티치를 한 모습입니다.

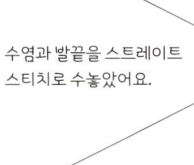

수염과 발끝을 스트레이트 스티치로 수놓았어요.

STEP 5

플라이 스티치

Y자 모양으로 수놓는 스티치입니다. 주로 동물의 코를 만들 때 사용합니다.

STEP 5

1 Y자가 될 왼쪽 윗부분으로 돗바늘을 빼냅니다.

2 Y자의 오른쪽 위가 될 위치에 돗바늘을 넣습니다.

3 중심으로 돗바늘을 빼낸다. 1~2에서 겉으로 나와 있는 실의 위쪽으로 바늘이 오게 합니다.

4 실을 잡아당기면 V자 모양이 됩니다.

5 Y자의 아랫부분이 될 위치에 돗바늘을 꽂는데, 이 부분의 길이에 따라 인형의 이미지가 달라집니다.

6 플라이 스티치 1개를 완성한 모습입니다.

변형 플라이 스티치 : V자

플라이 스티치의 Y자의 다리 부분을 짧게 해서 V자 모양으로 만드는 스티치입니다.

1 플라이 스티치(→160쪽)의 **1~4**와 같은 요령으로 수놓은 뒤, **3**에서 돗바늘을 빼낸 위치와 같은 위치에 다시 한번 돗바늘을 꽂습니다.

2 V자 모양의 플라이 스티치를 완성한 모습입니다.

러닝 스티치

같은 간격으로 바늘을 넣고 빼는 스티치로, '홈질'과 같은 스티치입니다.
점선으로 라인을 만들 때 사용합니다.

1 편물 안쪽에서 돗바늘을 넣은 뒤, 시작 위치로 바늘을 빼냅니다.

2 돗바늘을 넣고 빼는 과정을 반복합니다.

3 일정한 간격으로 돗바늘을 넣고 빼면 깔끔하게 수놓을 수 있습니다.

레이지데이지 스티치

꽃잎 모양이 생기는 스티치로, 순서만 알면 간단하게 수놓을 수 있습니다.

STEP 5

1 편물 안쪽에서 돗바늘을 넣은 뒤, 시작 위치로 바늘을 빼냅니다.

2 1과 같은 위치에 돗바늘을 꽂은 뒤, 스티치의 끝이 될 부분으로 돗바늘을 빼냅니다.

3 1에서 빼낸 실을 돗바늘에 겁니다.

4 실을 잡아당깁니다.

5 3에서 걸어둔 실을 걸친 뒤, 2에서 바늘을 빼낸 위치에 다시 한번 돗바늘을 꽂습니다.

6 레이지데이지 스티치를 완성한 모습입니다.

체인 스티치

레이지데이지 스티치를 응용해서 수놓는 스티치로, 작은 사슬 모양이 이어진 것처럼 보입니다.

1 레이지데이지 스티치(→162쪽)의 **1~3**까지와 같은 요령으로 수를 놓습니다.

2 실을 잡아당기면 사슬 모양이 하나 생깁니다.

3 **1**에서 바늘을 빼낸 위치와 같은 위치에 돗바늘을 꽂습니다.

4 그대로 다음 사슬 모양의 끝부분이 될 위치로 돗바늘을 빼냅니다. 같은 크기가 되도록 **1**과 바늘을 빼내는 너비를 맞춥니다.

5 **4**에서 빼낸 돗바늘에 실을 걸칩니다.

6 같은 요령으로 반복하며 수를 놓습니다. 마지막은 레이지데이지 스티치의 **5**와 같은 요령으로 마무리합니다.

백 스티치

한 땀 되돌아갔다가 두 땀 앞쪽으로 빼내는 과정을 반복하면 빈틈없이 연결된 깔끔한 라인을 만들 수 있습니다.

STEP 5

1 편물 안쪽에서 시작 위치보다 한 땀 앞쪽으로 돗바늘을 넣은 뒤, 겉쪽으로 실을 빼냅니다.

2 1코만큼 되돌아가서 돗바늘을 꽂습니다. 이 너비가 스티치의 너비가 됩니다.

3 1에서 돗바늘을 빼낸 위치보다 1코 앞쪽으로 돗바늘을 빼냅니다.

4 실을 잡아당기면 스티치가 하나 생깁니다.

5 1에서 돗바늘을 빼낸 위치에 다시 돗바늘을 넣은 뒤, 3에서 돗바늘을 빼낸 위치보다 1코 앞쪽으로 바늘을 빼냅니다.

6 과정을 되풀이합니다.

새틴 스티치

면을 메우듯이 수놓는 스티치입니다. 주로 동물의 코끝을 수놓을 때 사용합니다.

STEP 5

1 편물의 안에서 겉으로 돗바늘을 빼냅니다.

2 스티치로 메울 너비만큼 떨어진 위치에 돗바늘을 꽂은 뒤, 1에서 빼낸 위치의 바로 아래쪽으로 돗바늘을 빼냅니다.

3 실을 잡아당기고, 스티치로 메울 너비의 끝에서 끝까지 수를 놓습니다.

4 2에서 돗바늘을 빼낸 위치의 바로 아래쪽에 돗바늘을 꽂은 뒤, 앞의 과정을 되풀이해서 면을 모두 메웁니다.

실을 적당히 잡아당겨야 깔끔하게 마무리할 수 있어요.

프렌치너트 스티치

구슬 모양의 매듭이 특징인 스티치입니다.
작은 사이즈의 손뜨개 인형의 눈을 만들 때 사용합니다.

STEP 5

1 수놓을 위치에 편물의 안에서 겉으로 돗바늘을 빼냅니다.

2 1에서 실을 빼낸 위치에 돗바늘을 대고 왼손으로 눌러 잡습니다.

3 돗바늘에 실을 두세 번 감습니다.

4 3에서 감은 부분을 왼손으로 누르면서 돗바늘을 빼냅니다.

5 1에서 돗바늘을 빼낸 위치에 다시 돗바늘을 꽂습니다.

6 프렌치너트 스티치를 완성한 모습입니다.

불리온 스티치

바늘에 감은 길이만큼의 스티치가 생깁니다.
코 부분처럼 약간 입체적으로 만들 때 사용합니다.

1 편물의 안에서 겉으로 돗바늘을 빼냅니다.

2 1에서 돗바늘을 빼낸 위치에 바늘을 대고 누른 뒤, 돗바늘에 실을 감습니다(사진은 5번 감은 모습입니다). 돗바늘에 감은 길이만큼이 스티치의 너비가 됩니다.

3 돗바늘에 감은 실을 왼손으로 누르면서 천천히 돗바늘을 빼냅니다.

4 돗바늘을 다 빼낸 모습입니다.

5 돗바늘에 감은 길이만큼의 위치에 바늘을 꽂은 뒤, 안쪽으로 실을 빼내서 불리온 스티치를 완성합니다.

눈·코 부자재 달기

눈이나 코의 부자재는 접착제를 사용해서 답니다.
순서에 맞춰 제대로 달아주면 쉽게 빠질 염려가 없습니다.

STEP 5

1 다리가 있는 부자재는 본드를 바르지 않은 상태에서 편물에 꽂아보면서 위치를 정합니다(붙이거나 꿰매는 타입의 부자재는 시침핀으로 대신합니다).

2 부자재를 달 위치에 송곳으로 구멍을 뚫습니다.

3 부자재의 다리에 접착제를 바릅니다. 접착제의 입구에 부자재의 다리를 바싹 대고 바르면 적당량을 바를 수 있습니다.

4 2에서 구멍을 뚫은 곳에 부자재를 넣습니다.

5 부자재를 단 편물의 아래쪽으로 송곳을 찔러 넣은 뒤, 편물을 들어 올려서 부자재와 편물을 완전히 밀착해 붙입니다.

실 붙이기

실을 붙여서 입이나 코 등을 만듭니다. 시작 부분과 끝부분은 꿰매어 달고 입 모양은 본드로 붙여서 고정합니다.

1 붙이려는 실을 돗바늘에 꿰습니다. 실을 달 위치의 한쪽 끝에서 실을 빼낸 뒤, 반대쪽 끝에 돗바늘을 꽂습니다.

2 필요한 만큼만 남겨 놓고서 실을 잡아당깁니다.

3 균형을 맞추면서 시침핀으로 꽂아 붙이고 싶은 형태의 라인을 정합니다. 실 끝은 깔끔하게 정리해둡니다(→153쪽).

4 접착제를 종이 위에 조금 짜둡니다.

5 4의 접착제를 가느다란 도구(ex.시침핀)에 묻혀서 실 아래쪽에 바른 뒤, 위에서 꾹 눌러줍니다.

6 같은 요령으로 실 아래쪽에 접착제를 바른 뒤, 편물에 붙입니다.

머리카락 만들기

머리카락을 만드는 방법에는 여러 가지 타입이 있습니다.
각각 이미지가 다르므로 취향에 맞춰 고르도록 합니다.

STEP 5

나누어 뜨기

머리카락을 따로 만들어 다는 것이 아니라 뜨는 도중에 실 색상을 바꿔서 나누어 뜨기를 해서, 머리카락(머리)을 만들어줍니다.

나누어 뜨기만 해도 남자아이의 머리를 만들 수 있습니다.

헬멧 모양으로 떠서 달기

헬멧 같은 형태의 가발을 따로 떠서 머리에 덮어씌우고 감침질로 연결합니다.
※ 뜨개도안은 237쪽을 참조하세요.

1 머리카락은 머리와는 별개로 헬멧 모양으로 뜹니다.

2 머리카락을 달 위치를 정해서 시침핀으로 고정한 뒤, 머리카락의 안쪽을 한 땀씩 줍습니다.

3 머리카락의 안쪽과 얼굴을 감침질로 연결합니다. 앞머리는 조금 안쪽을 주워서 감침질해야 더욱 자연스러워 보입니다.

실 묶음으로 머리카락 만들기

고리 모양으로 감은 실을 중심에서 묶은 뒤,
그 상태로 머리에 달아 만드는 여자용 머리카락입니다.

1 손가락에 털실을 감습니다(만들려는 실 묶음의 너비만큼 손가락을 모읍니다).

2 필요한 분량이 될 때까지 실을 감습니다.

3 손가락에서 실을 빼낸 뒤, 한데 모아서 잡습니다.

4 중심을 실 끝으로 감아서 묶습니다.

5 실 묶음을 완성한 모습입니다.

6 실 묶음을 묶어줄 때 사용했던 실 끝을 돗바늘에 꿴 뒤, 머리에 감침질로 달아줍니다.

포니테일 만들기

실 묶음으로 술을 만들어 머리 윗부분에 달면 발랄한 포니테일 머리를 만들 수 있습니다.

STEP 5

1 실 묶음으로 머리카락 만들기(→171쪽)의 1~2와 같은 요령으로 손가락에 털실을 감아서 실 묶음을 만듭니다.

2 실 묶음을 손가락에서 빼냅니다.

3 다른 실을 실 묶음의 가운데로 통과시킵니다.

4 통과시킨 실로 실 묶음의 한 군데를 묶습니다. 튼튼하게 여러 번 묶어서 흐트러지지 않게 합니다.

5 묶은 부분의 반대쪽 끝부분에 가위를 넣어 실을 자릅니다.

6 술이 완성되면 스팀다리미로 다려서 정돈합니다.

7 4에서 묶은 실을 돗바늘에 꿴 뒤, 뒤통수에 감침질로 연결합니다.

8 포니테일을 완성한 모습입니다.

사과머리 만들기

실을 감아서 만든 실뭉치를 그대로 머리 윗부분에 달아서 깜찍한 사과머리를 만듭니다.

1 털실을 감아서 실뭉치를 만듭니다. 실 끝을 길게 둡니다.

2 실 끝을 돗바늘에 꿴 뒤, 뒤통수에 감침질로 연결합니다.

3 실뭉치로 사과머리를 완성한 모습입니다.

따로뜨기로 머리카락 만들기

사슬뜨기와 빼뜨기로 따로 머리카락을 떠서 머리에 덮어씌우고 감침질로 달아줍니다.
※ 뜨개도안은 237쪽을 참조해주세요.

1 사슬뜨기(→39쪽) 10코를 뜹니다. 여기가 머리의 중심이 됩니다. 첫 번째 머리카락은 먼저 사슬뜨기 12코를 뜹니다.

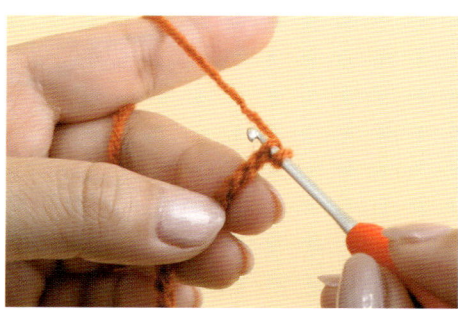

2 사슬뜨기 1코로 기둥코를 만든 뒤, 2의 사슬코 산을 주워서 빼뜨기(→54쪽)를 합니다.

3 빼뜨기로 12코 떠서 되돌아온 모습입니다.

4 다음 머리카락을 뜹니다.

5 두 번째 이후의 머리카락도 같은 요령으로 계속 뜹니다.

6 머리카락을 다 뜬 모습입니다. 실 끝은 길게 남겨둡니다.

7 머리 위쪽에 따로뜨기로 뜬 머리카락을 덮어씌운 뒤, 위치를 정해서 시침핀으로 고정합니다.

8 6에서 남겨두었던 실 끝을 돗바늘에 꿴 뒤, 머리카락 중심의 가르마에서 꿰매어 고정합니다.

9 중심 부분에서 꿰매어 고정한 모습입니다. 이후부터는 머리카락을 한 가닥씩 꿰매어 고정합니다.

10 머리카락 끝이 닿는 부분으로 실을 빼낸 뒤, 머리카락 안쪽을 줍습니다.

11 얼굴에 한 가닥씩 감침질로 달아줍니다.

12 따로뜨기로 머리카락을 만들어 머리에 달아준 모습입니다.

프린지로 머리카락 만들기

프린지(→96쪽)로 원하는 길이의 머리카락을 만듭니다.
실제 사람의 머리카락과 비슷한 분위기를 낼 수 있습니다.

STEP 5

1 털실을 머리에 대고 머리카락의 길이를 정합니다.

2 1에서 정한 머리카락 길이의 2배 길이로 털실을 잘라둡니다.

3 머리카락을 달 위치에 바늘을 꽂은 뒤, 2의 털실을 반으로 접어 바늘에 겁니다. 실은 두 가닥 정도씩 달아도 됩니다.

4 3에서 걸어둔 실을 끌어냅니다.

5 끌어낸 고리에 손가락을 넣습니다.

6 실 끝을 잡고 고리 속으로 끌어냅니다.

7 실 끝을 잡아당겨서 고리를 조입니다.

8 1회 분량의 프린지를 단 모습입니다.

9 원하는 만큼 풍성해질 때까지 과정을 되풀이해서 프린지를 만듭니다. 여기서는 뒷머리를 프린지로, 앞머리는 자수 스티치로 만들 예정입니다.

10 프린지를 다 달고 나면 머리카락 끝부분을 가지런히 자릅니다.

11 프린지로 머리카락 만들기를 완성했습니다.

자수 스티치로 머리카락 만들기

스트레이트 스티치로 머리에 직접 수를 놓아서 머리카락을 만듭니다.
프린지(→96쪽)와 조합해서 사용할 수도 있습니다.

STEP 5

1. 여기서는 뒷머리는 프린지로, 앞머리는 자수 스티치로 만듭니다. 털실을 길게 잘라 돗바늘에 꿴 뒤, 정수리 부분으로 돗바늘을 빼냅니다. 원하는 앞머리의 길이만큼 내려온 위치에 돗바늘을 꽂습니다.

2. 같은 요령으로 앞머리를 한 가닥씩 수놓습니다.

3. 앞머리가 생긴 모습입니다.

4. 프린지와 조합할 경우에는 프린지와의 경계에서 실을 빼냅니다.

5. 프린지의 시작 부분이 보이지 않도록 위쪽에서 스트레이트 스티치로 메워줍니다.

6. 자수 스티치로 앞머리를 만든 모습입니다.

자수 스티치로 볼터치하기

자수 스티치로 라인을 아주 조금만 넣어 주면 볼터치를 한 모습을 표현할 수 있습니다.

원하는 색상의 실을 돗바늘에 꿴 뒤, 볼터치를 표현할 위치로 빼내서 스트레이트 스티치를 합니다. 볼터치를 더 넓게 해주고 싶다면 새틴 스티치로 수놓는 것이 좋습니다.

> **Tip** 다른 재료로도 색을 입혀보자!
>
> 털실로 색을 나누어 뜨거나 자수 스티치와 펠트지로 색을 입히는 방법 외에도, 쉽게 구할 수 있는 재료를 사용해서 편물에 색을 입힐 수 있습니다.
>
> **편물에 색을 입힐 수 있는 재료**
> - 화장품(아이섀도우·블러셔 등)
> - 크레용
> - 유성 펜

STEP 5

펠트지 붙이기

펠트지를 붙여서 얼굴 부위를 표현하는 방법도 있습니다.
여기에서는 여자아이의 볼을 만듭니다.

1 펠트지를 원하는 크기와 모양으로 자릅니다.

2 여기에서는 양쪽 볼 부분을 2개 자릅니다.

3 자른 펠트지를 얼굴에 대어보고 붙일 위치를 정한 뒤, 접착제로 붙입니다.

편물에 직접 칠하기

여자아이의 볼처럼 편물의 극히 일부분에만 색을 입힐 경우, 메이크업 도구를 사용해서 칠하는 방법도 있습니다.

 STEP 5

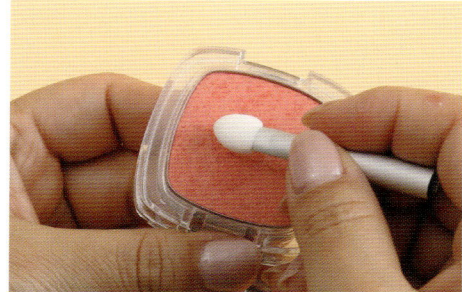

1 원하는 색상의 화장품을 팁에 묻힙니다. 여기에서는 볼을 칠하기 위해 아이섀도우를 사용했습니다.

2 볼을 표현할 위치에 아이섀도우를 칠합니다.

아크릴 펠트로 색 입히기

펠트용 바늘로 콕콕 찔러서 편물에 색을 입힙니다.
여러 가지 색을 섞어서 독창적인 색을 만들 수도 있습니다.

1 아크릴 펠트를 조금 떼서 원하는 크기로 뭉친 뒤, 어디에 달지 정합니다.

2 한쪽 손으로 펠트를 누르면서 펠트용 바늘로 찔러 편물에 얽혀 들어가게 합니다.

3 모양을 다듬으면서 바늘로 찔러서 편물에 잘 얽히게 되면 완성입니다.

L자 프레임을 달아 만든
고양이 모양 카드 지갑입니다.
옆면을 따로 뜨지 않기 때문에
마무리하는 방법도 간단하답니다.

원통형으로 떠서 엄지손가락만 만들면 되는
유아용 벙어리장갑이에요.
다람쥐 두 마리는 끈을 떠서(→103쪽)
서로 연결해주었어요.

손뜨개 소품 만들기

동물 등의 모티브를 뜬 뒤에 지퍼나 프레임, 금속 부자재 등을 달아
소품으로 만듭니다. 원하는 스타일로 떠서 항상 갖고 다니는 건 어떨까요?

프레임을 단 곰돌이 동전 지갑입니다.
예시 작품과 다른 색으로 뜨면
또 다른 느낌을 연출할 수 있습니다.
※ 뜨개도안은 238쪽을 참조해주세요.

고래상어 모양의 카드 케이스입니다.
기계에 카드를 갖다 대는 쪽은 평면으로,
등 쪽은 솜을 넣어 입체적으로 만듭니다.

프레임 달기 : 붙이는 타입

프레임의 홈에 접착제를 넣고 편물과 잘 맞춰서 붙입니다.
프레임과 편물이 서로 어긋나기 쉬우므로 중급자 이상에게 추천하는 방법입니다.

1 구멍이 뚫려 있지 않은 타입의 프레임, 접착제, 펜치, 송곳, 헤라를 준비합니다.

2 프레임의 한쪽 홈에 접착제를 넣습니다.

3 헤라로 접착제를 고루 펴 바릅니다.

4 위치를 잘 맞추면서 홈에 편물을 끼워 넣고 송곳으로 밀어 넣습니다.

5 편물 안쪽에서도 제대로 들어가 있는지 확인하면서 송곳으로 밀어 넣습니다.

6 프레임 끝부분의 모서리만을 펜치로 집어서 누릅니다. 모서리가 편물에 맞게 들어가서 튼튼하게 고정됩니다.

프레임 달기 : 꿰매는 타입

실로 꿰맬 수 있도록 구멍이 뚫려 있는 프레임을 사용합니다.
초보자도 손쉽게 달 수 있습니다.

1 꿰매어 달 때 사용할 실을 돗바늘에 꿰웁니다. 실은 편물과 같은 색을 사용해도 되지만 포인트가 되도록 눈에 띄는 색을 사용해도 됩니다.

2 프레임을 달아줄 벌어진 부분의 중앙에 표시를 해둡니다.

3 실을 편물의 중앙 안쪽으로 통과시켜서 박음질을 해둡니다.

4 좌우로 균형 있게 달기 위해 실을 편물 중앙에서 겉쪽으로 빼낸 뒤, 프레임 중앙의 안쪽에서 바깥쪽으로 바늘을 빼냅니다.

5 실을 잡아당겨서 편물을 프레임 홈에 넣습니다.

6 편물을 프레임 홈에 넣으면서 온박음질로 답니다. 오른쪽으로 한 칸 옆에 있는 구멍에 바늘을 꽂은 뒤, 편물의 안쪽까지 실을 통과시킵니다.

7 편물을 꿰매듯이 ❹에서 바늘을 빼냈던 구멍에서 왼쪽으로 한 칸 옆에 있는 구멍으로 바늘을 빼냅니다.

8 ❹에서 바늘을 빼냈던 구멍에 다시 바늘을 꽂습니다. 같은 요령으로 두 칸 앞쪽으로 빼냈다가 한 칸 되돌아오는 과정을 반복해서 꿰맵니다.

9 안쪽은 프레임 라인 가까이에 바늘땀이 생깁니다.

10 프레임을 단 모습입니다. 반대쪽도 같은 요령으로 답니다.

커버 타입으로 만들기

원통형으로 뜬 편물 속에 솜을 채우지 않으면 소품으로 만들 수 있습니다. 끈을 끼워 스트링 파우치를 만들거나 텀블러 사이즈에 맞춰 보틀커버를 만들어보세요.

지퍼 달기

편물에 지퍼를 꿰매 달아서 동전 지갑을 만듭니다.
편물의 색과 어울리는 색의 실을 사용해서 달아줍니다.

1 지퍼의 한쪽 끝부분에서부터 편물과 잘 맞추어 놓고 시침 핀으로 고정합니다.

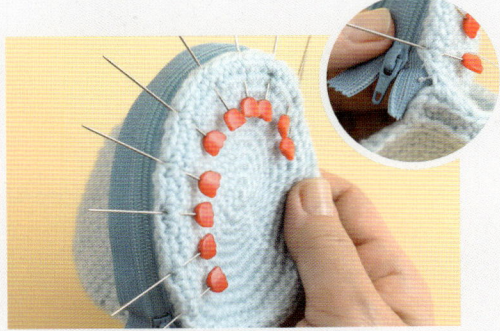

2 지퍼가 밀리지 않도록 촘촘하게 고정합니다.

3 편물로 가려지는 위치에 매듭을 짓습니다. 먼저 뜨개코의 머리 안쪽을 줍습니다.

4 지퍼 쪽을 편물의 1코 너비만큼 앞쪽 위치에서 줍습니다.

5 다음 뜨개코의 머리 안쪽을 줍습니다.

6 4~5와 같은 요령으로 뜨개코의 머리 안쪽을 주워서 감침질로 답니다.

7 지퍼의 한쪽을 단 모습입니다. 지퍼 안쪽으로 바늘땀이 보입니다.

8 지퍼를 열고 반대쪽도 시침핀으로 고정합니다.

9 옆면도 편물의 뜨개코 머리 안쪽을 주워서 감칩니다.

10 반대쪽도 같은 요령으로 감칩니다.

11 지퍼의 끝부분은 안쪽에서 서너 번 꿰매어 고정합니다.

12 지퍼의 양쪽을 모두 단 모습입니다.

안감 달기

편물에 안감을 달면 뜨개실에 걸릴 염려 없이 조그만 물건도 넣을 수 있습니다.

1 편물 본판은 뒤집어놓고 안감은 본판과 같은 크기로 만듭니다.

2 뒤집은 본판을 안감 속에 넣고서 본판과 안감을 시침핀으로 고정합니다.

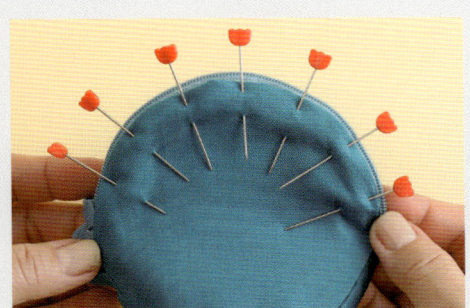

3 시침핀을 균일하게 꽂아 임시로 고정한 모습입니다.

4 바느질용 실을 사용해서 공그르기로 꿰맵니다.

5 옆면은 모서리를 다듬은 뒤, 공그르기를 합니다. 3과 같은 요령으로 반대쪽도 시침핀으로 고정하고 나서 꿰맵니다.

6 안감을 단 모습입니다.

손뜨개 소품 만들기 187

금속 부자재 달기 : O링

가장 기본적인 금속 부자재인 O링 다는 방법을 소개합니다.
여기서는 O링에 장식고리를 달아서 휴대폰 줄을 만듭니다.

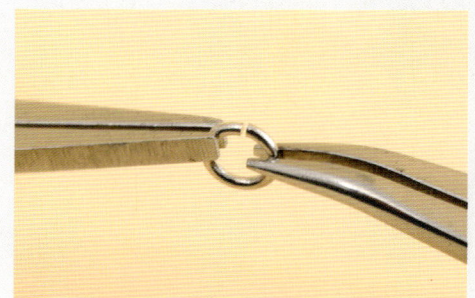

1 O링 틈새가 위쪽으로 향하게 한 뒤, O링의 양쪽을 펜치로 잡습니다.

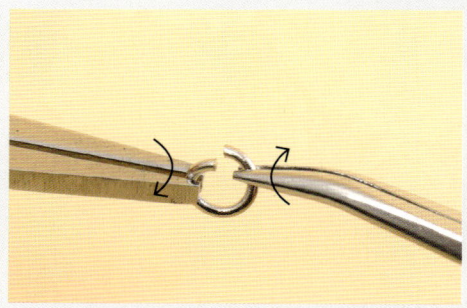

2 좌우의 펜치를 반대 방향으로 비틀어서 O링을 벌려줍니다.

3 펜치로 O링을 잡고 편물을 줍습니다. 1코만 주우면 약하기 때문에 2코(또는 2단)를 줍습니다.

4 O링에 장식고리를 끼웁니다.

5 다시 O링의 양쪽을 펜치로 잡은 뒤, 이번에는 2와 반대로 비틀어서 O링을 닫습니다.

6 장식고리를 휴대폰 줄에 달면 완성입니다. 손뜨개 인형 쪽에 장식고리를 달면 다른 물건에도 달 수 있어 편합니다.

STEP 6

손뜨개 인형 만들 때 포인트

나만의 작품을 만들기 위해서는 얼굴 모양 정하는 방법,
바디 밸런스 맞추는 방법 등 몇 가지 포인트를 알아두는 것이 좋습니다.
그 밖에 궁금한 점들은 손뜨개 인형 만들기 Q&A를 참고하세요.

얼굴 모양 정하기

눈의 위치

똑같은 부자재를 사용하더라도 얼굴의 어느 위치에 다느냐에 따라 성숙해보일수도 있고 어려보일 수도 있습니다.

| 눈 사이를 가깝게 | 눈 사이를 멀게 | 이마를 넓게 |

성숙해 보인다 ⟵――――――――――――――――⟶ 귀엽고 어려 보인다

눈의 종류

인형눈에는 일반적으로 4종류가 있습니다. 각 특징을 알아두고 원하는 스타일을 골라 사용하세요.

코믹한 인형눈
흰자는 조금 있고, 검은자가 차지하는 비율이 높습니다. 동그랗고 크게 뜬 인상적인 눈을 표현할 수 있습니다.

7.5mm 9mm 컬러 7.5mm

솔리드 인형눈
눈알이 단색으로 되어 있으며, 사이즈와 색상이 풍부합니다. 동물 인형뿐만 아니라 사람 인형에도 둥글고 귀여운 눈동자를 연출할 수 있습니다.

검은색 7.5mm

무빙아이(움직이는 인형눈)
검은 눈동자가 눈알의 테두리 안에서 요리조리 움직이기 때문에 생동감 있는 눈동자를 표현할 수 있습니다.

10mm 6mm

크리스털 인형눈
크리스털 소재에 색이 입혀져 있어 눈을 더욱 사실적으로 묘사할 수 있습니다.

8mm(오렌지색) 6mm(밝은 회청색)

눈의 크기와 색상

같은 종류의 눈이라도 크기가 다르면 얼굴의 인상이 달라집니다.

크기
(모두 검은색 솔리드 인형눈)

색상
(모두 솔리드 인형눈 6mm)

코와 입의 형태 바꾸기

동물 코의 변형입니다. 뜨개질한 부위를 감침질로 달거나 수를 놓거나 부자재를 사용하는 등 여러 가지 패턴이 있습니다.

STEP 6

타원형이나 원형으로 만들어 일반적인 코를 표현합니다.

2종류의 부자재로 코믹한 표정을 만듭니다.

부리를 달면 새를 만들 수 있습니다.

타원형 얼굴에 콧구멍을 만들면 돼지를 만들 수 있습니다.

부리를 작게 만들면 병아리를 만들 수 있습니다.

귀의 형태 바꾸기

귀 또한 변형시켜 다양한 패턴을 연출할 수 있습니다. 귀를 뜰 때 크기도 고려하면서 다양하게 시도해보세요.

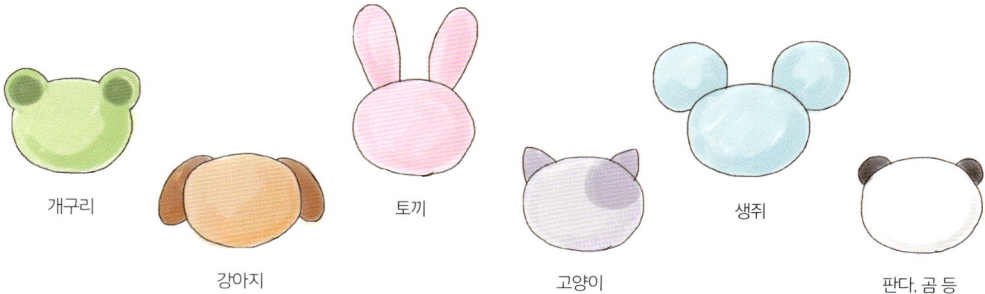

개구리 · 강아지 · 토끼 · 고양이 · 생쥐 · 판다, 곰 등

균형 맞추기와 몸통 색 바꾸기

머리와 몸 크기 조절하기

손뜨개 인형을 만들 때 정해진 규칙은 없습니다. 머리는 크고 몸은 작게 만들기, 팔다리를 길쭉하게 만들기, 머리와 몸통의 크기를 비슷하면서도 둥글게 만들기 등 만들고 싶은 이미지에 맞게 균형을 맞춥니다. 실제 동물이나 사람의 비율과는 다르더라도 다양하게 시도해볼 수 있습니다.

몸통 색 바꾸기

동물은 머리와 몸통, 팔다리가 모두 같은 색인 경우가 대부분입니다. 옷을 몸통 위쪽에 떠 넣는 것뿐만 아니라 도중에 실 색상을 바꾸는 것만으로도 옷을 입고 있는 것처럼 보이거나 변화를 줄 수 있습니다.

손뜨개 인형 만들기 Q&A

 손뜨개 인형을 직접 만들어보고 싶은데 무엇부터 시작해야 하나요?

 먼저 색상부터 정하고 어떤 털실을 사용할지 정하세요. 털실은 소재와 촉감, 색상 등이 매우 다양하기 때문에 마음에 드는 털실을 찾는 것이 중요합니다. 털실은 수예점에서 직접 만져보고 구매하는 것이 좋습니다.

 실의 굵기에 따라 주의해야 할 점이 따로 있나요?

 가느다란 실은 초보자가 사용하기는 어렵지만 섬세한 표현을 할 수 있다는 장점이 있습니다. 굵은 실을 사용하면 대충 뜨는 분위기가 될 수도 있으니 만들 작품에 어울리는 굵기의 실을 고르도록 합니다. 어떤 실을 사용하든 그에 알맞은 호수의 코바늘을 사용하는 것이 좋습니다(코바늘의 굵기는 20~21쪽 참조).

 입체를 뜰 때 코 늘리기와 코 줄이기를 잘 못하겠어요.

 똑같이 코를 늘리고 줄였더라도 편물은 그때그때의 손놀림에 따라 달라지기 때문에 일단 자꾸 떠 보는 것이 좋습니다. 뜨개도안이 있는 작품을 골라 몇 차례 떠 보면서 몸에 익히도록 하세요.

편물에 변화를 주고 싶어요.

색을 바꾸거나 여러 가지 뜨개법을 조합해서 떠 보세요(105~116쪽 참조). 굵기와 색이 다른 실을 조합해 만들어진 팬시 얀 실을 사용하면 뜨개법을 바꾸지 않더라도 완전히 다른 분위기를 연출할 수 있답니다.

깔끔하게 마무리하는 요령이 있나요?

무엇보다 뜨개코를 가지런히 뜨는 것이 중요합니다. 솜을 충분히 채우고, 균형을 맞춰 조립하는 것도 중요하고요. 편물끼리 연결할 때는 시침핀을 촘촘하게 꽂은 뒤, 한 코 한 코 조심스럽게 꿰매주세요. 만약 뜨개코가 깔끔하지 않아 보인다면 뜨개질한 것을 풀어서 다시 뜨는 것도 방법이랍니다. 얼마든지 다시 고쳐 뜨기 쉽다는 점이 손뜨개 인형의 장점이기도 하니까요.

휴대폰 줄처럼 매다는 소품을 만들 때 주의할 점은 무엇인가요?

소품의 경우 매다는 것에 한하지 않고, 조립할 때는 항상 튼튼하게 꿰매어 달아줍니다. 휴대폰 줄을 연결하기 위해 O링을 손뜨개 인형에 직접 달 경우에는 뜨개코를 2코 이상 주워서 튼튼하게 달아줍니다(188쪽 참조).

STEP 6

색을 조합할 때도 요령이 있나요?

색을 조합하는 데 자신이 없다면 같은 제조사의 동일한 상품 중에서 색을 고르는 것이 좋습니다. 동일한 상품이라면 색상이 서로 어울리기 쉽기 때문입니다. 익숙해지면 다른 제조사의 상품도 조금씩 조합해보세요.

다각형은 어떻게 뜨나요?

코바늘뜨기에서는 코 늘리기를 한 부분에 각이 생깁니다. 그 때문에 각 단의 같은 위치에서 코 늘리기를 계속하면 코 늘리기를 한 부분에 모서리가 생기고, 코 늘리기를 한 부분의 개수만큼 다각형이 됩니다. 삼각형의 경우에는 다음과 같은 뜨개도안이 됩니다.

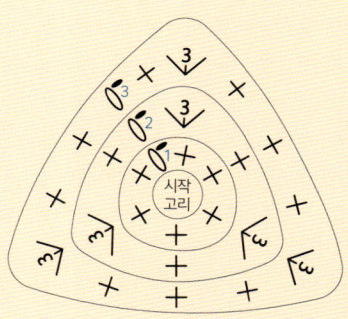

손뜨개 인형
컬렉션
IV

복슬복슬한 양의 몸통은 독특한 뜨개법을 사용해 털의 결을 표현했습니다. 동글동글한 귀도 포인트입니다.

※ 모든 작품은 참고용입니다.

듬직하게 버티고 서 있는 천하장사 느낌의 고양이 인형입니다. 자수와 비즈로 꾸민 디테일한 앞치마가 매우 인상적인 인형입니다.

마치 실제로 걷고 있는 것처럼 보이는 고양이 인형입니다. 머리가 커도 균형을 잘 맞추어 뜨면 이렇게 서 있는 자세를 만들 수 있답니다.

퍼 소재의 털실로 떠서 포근하고 부드러운 느낌의 토끼를 만들었어요. 토끼가 들고 있는 주황색 당근이 포인트입니다.

앞·뒷다리의 관절과 타원형으로 된 몸통은 증감코의 개수를 조절하면서 뜨면 진짜 개구리처럼 생동감 있게 만들 수 있습니다.

STEP 7

손뜨개 인형 실제로 만들기

기본적인 뜨개법을 중심으로
초보자에서 중급자까지 뜰 수 있는 3가지 작품을 소개합니다.
1~5장에 나와 있는 뜨개법과 조립 방법 등을 참고해서
직접 만들어보세요.

LESSON 1
곰돌이 동전 지갑

둥글게 뜬 얼굴에 귀와 코, 인형눈을 달고 수를 놓아 만든 곰돌이 얼굴입니다.
여기에 지퍼를 달아 동전 지갑을 완성합니다.
기본 뜨개법만 사용하기 때문에 초보자도 쉽게 만들 수 있습니다.

재료

병태사(하늘색)
병태사(흰색)
병태사(검은색)
지퍼
코튼 원단(안감)
무빙아이

도구

코바늘 6/0호
돗바늘
일반 바늘과 실
가위
시침핀
접착제

만드는 방법

① 뜨개도안을 참고해서 각 부위를 뜹니다.
② 본판과 옆면을 이어 붙입니다.
③ 본판에 코 부분을 감침질로 달아줍니다.
④ 코를 수놓습니다.
⑤ 무빙아이를 접착제로 붙입니다.
⑥ 편물과 똑같은 크기로 안감을 만들어 달아줍니다.
⑦ 지퍼를 답니다.
⑧ 귀 부분을 감침질로 답니다.

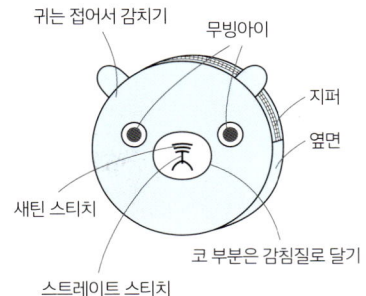

본판(2개)
• 하늘색

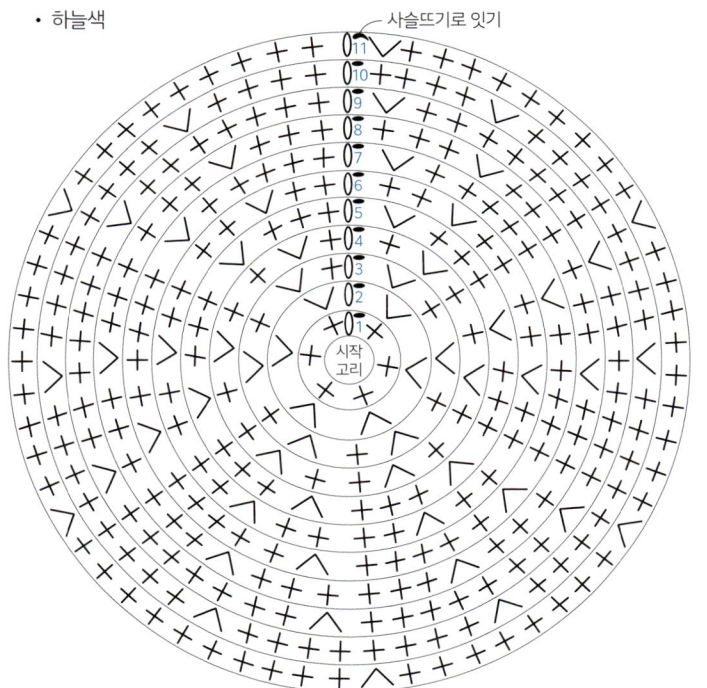

단	콧수
11	66 (+6코)
10	60 (+6코)
9	54 (+6코)
8	48 (+6코)
7	42 (+6코)
6	36 (+6코)
5	30 (+6코)
4	24 (+6코)
3	18 (+6코)
2	12 (+6코)
1	6

옆면(1개)
• 하늘색

뜨기 시작
※ 사슬뜨기 30코로 기초코

귀(2개)
• 하늘색

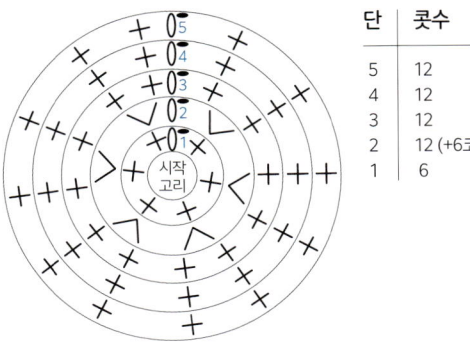

단	콧수
5	12
4	12
3	12
2	12 (+6코)
1	6

코 부분(1개)
• 흰색

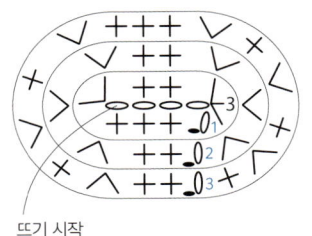

뜨기 시작
※ 사슬뜨기 4코로 기초코

단	콧수
3	22 (+6코)
2	16 (+6코)
1	10

▶ **본판 뜨기**

STEP 7

1 원형뜨기 기초코(→33쪽)를 만들어 1단을 뜹니다.

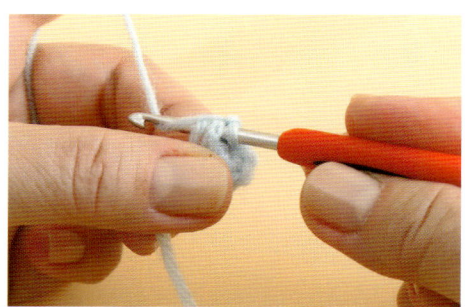

2 실 끝을 감싸면서 코 늘리기를 해서 뜹니다. 감싸면서 뜬 실은 짧게 자릅니다.

3 2단을 뜬 모습입니다. 실 끝을 감싸면서 떴기 때문에 안쪽 면도 깔끔하게 정리됩니다.

4 뜨개도안대로 코 늘리기를 하면서 6단까지 뜬 모습입니다.

5 마지막 단(11단) 66코까지 모두 뜬 모습입니다.

6 실 끝은 20cm 정도 남기고 자릅니다.

7 고리를 그대로 잡아당겨 실 끝을 끌어냅니다.

8 실 끝을 돗바늘에 꿰웁니다.

9 마지막은 사슬뜨기로 잇기(→146쪽)를 합니다. 마지막 단 첫 번째 뜨개코의 머리 두 가닥에 바늘을 넣습니다.

10 마지막 코를 줍습니다.

11 뜨개코의 머리와 같은 크기가 될 때까지 실 끝을 잡아당겨서 조입니다.

12 실 끝은 편물 안쪽에 통과시켜서 정리합니다(→155쪽).

STEP 7

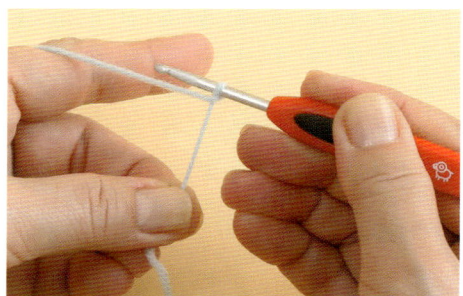

13 1~12와 같은 요령으로 1장 더 만듭니다.

▶ 옆면 뜨기

14 실 끝은 40cm 정도 남기고 사슬뜨기 기초코(→38쪽)로 코를 만듭니다.

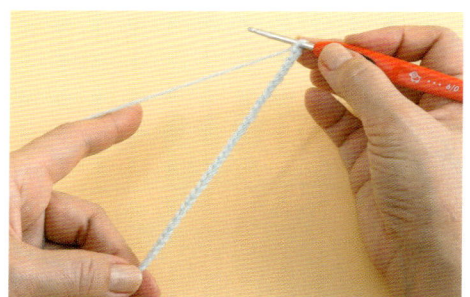

15 사슬뜨기 기초코를 30코 뜬 모습입니다.

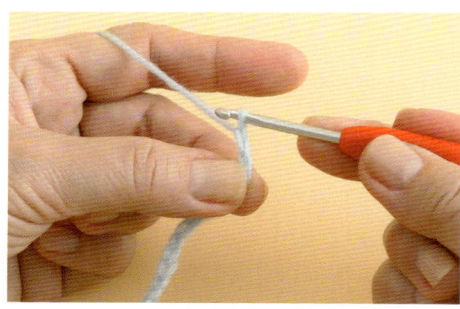

16 사슬 1코로 기둥코를 만듭니다.

17 1단은 사슬코 산을 주워서 뜹니다. 이후에도 뜨개도안대로 계속 뜹니다.

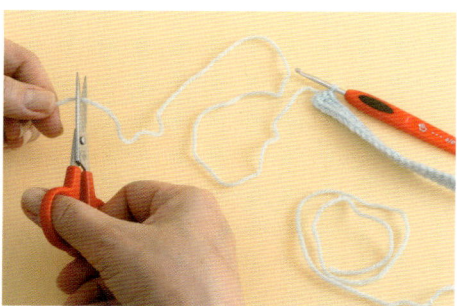

18 다 뜨고 나면 실 끝은 빼뜨기로 막기(→149쪽)를 한 뒤, 40cm 정도 남기고 자릅니다.

▶ **이어 붙이기**

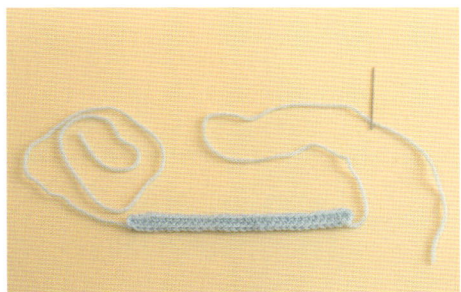

19 옆면의 한쪽 실 끝에 돗바늘을 꿴니다.

20 옆면과 본판을 이어 붙입니다. 본판은 뜨개코의 머리 안쪽만 줍습니다.

21 옆면 쪽은 뜨개코의 머리 안쪽만 줍습니다.

22 끝부분은 튼튼하게 만들기 위해 같은 자리에서 두 번 감침질을 해줍니다.

23 계속 이어 붙인 뒤, 반대쪽 끝부분도 같은 자리에서 두 번 감침질해서 튼튼하게 만듭니다.

24 안쪽에서 실 끝을 정리합니다(→155쪽).

25 19와 반대쪽 옆면의 실 끝을 돗바늘에 꿰입니다.

26 옆면 부분은 편물의 안쪽을 통과시켜서 반대쪽으로 실을 빼냅니다.

27 20~24와 같은 요령으로 반대쪽도 이어 붙입니다.

28 본판 2장 사이에 옆면을 단 모습입니다.

▶ **지퍼 달기**

29 지퍼를 답니다(→185쪽). 지퍼의 끝부분과 편물의 끝부분을 맞추어 놓고 시침핀으로 촘촘하게 고정합니다.

30 지퍼 한쪽을 모두 시침핀으로 고정하고 나면 한쪽 끝에서부터 실로 편물 뜨개코 머리 안쪽을 주워서 감침질로 답니다.

31 시침핀을 하나씩 빼면서 감침질로 답니다.

32 지퍼 한쪽을 모두 감친 모습입니다.

33 반대쪽은 지퍼를 열어서 시침핀을 꽂은 뒤, 같은 요령으로 감침질을 합니다.

34 편물 안쪽으로 잘 보이지 않게 해서 매듭을 짓습니다. 지퍼를 모두 단 모습입니다.

▶ **얼굴 만들기**

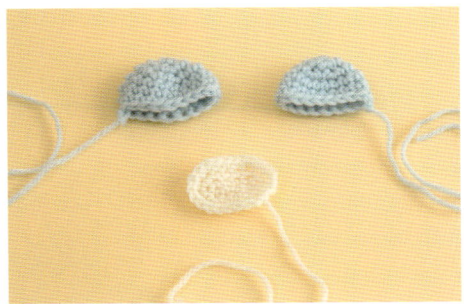

35 귀와 코를 뜹니다. 실 끝은 각각 30cm 정도 남깁니다.

36 코를 달 위치를 정해서 시침핀으로 고정합니다. 실 끝을 돗바늘에 꿰입니다.

STEP 7

37 본판의 편물을 줍습니다. 이때 코 부분의 가장자리 바로 아래쪽을 주워야 합니다.

38 코 부분의 뜨개코의 머리 두 가닥을 주워서 감침질로 답니다(→126쪽).

39 코 부분을 단 모습입니다.

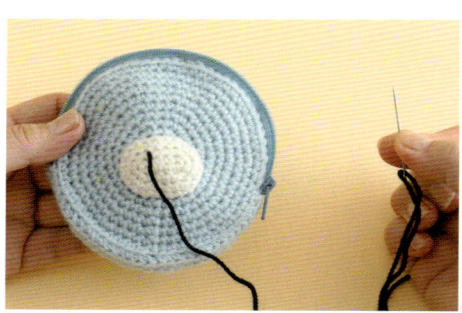

40 검은색 실을 돗바늘에 꿴 뒤, 실 끝에 매듭을 짓습니다. 안에서 겉으로 수를 놓을 위치로 바늘을 빼냅니다.

41 스트레이트 스티치(→159쪽)로 V자 모양을 수놓은 뒤, 한 번 더 시작 위치로 바늘을 빼냅니다.

42 삼각형을 메우듯이 새틴 스티치(→165쪽)로 수놓습니다.

43 삼각형으로 새틴 스티치를 수놓은 모습입니다.

44 그대로 바로 아래쪽에 코 밑 라인을 스트레이트 스티치로 수놓은 뒤, 입의 한쪽 끝부분으로 실을 빼냅니다.

45 코 밑 라인을 수놓은 실의 아래쪽으로 바늘을 통과시킨 뒤, 입 반대쪽 끝부분에 바늘을 꽂습니다.

46 코와 입을 수놓은 모습입니다.

47 무빙아이를 편물 위에 올려놓고 위치를 정합니다.

48 위치를 정했으면 인형눈의 뒷면에 접착제를 발라서 부착합니다.

STEP 7

▶ 안감 달기

49 인형눈을 단 모습입니다.

50 편물과 같은 크기로 옆면이 달린 안감을 만듭니다. 편물은 뒤집어 놓습니다.

51 안감 속에 편물을 넣습니다. 시접을 안쪽으로 접으면서 시침핀으로 고정한 뒤, 공그르기를 합니다.

52 안감을 달고 나면 겉으로 뒤집습니다.

▶ 귀 달기

53 귀를 달아줄 위치를 정한 뒤, 시침핀으로 고정합니다.

54 귀를 접어서 감치기(→124쪽)로 답니다. 먼저 편물 겉쪽을 본판 뜨개코의 머리를 주워서 답니다.

STEP 7

55 한쪽 귀의 겉쪽을 단 모습입니다.

56 안쪽도 같은 방법으로 감쳐서 답니다.

57 한쪽 귀의 겉쪽과 안쪽을 모두 단 모습입니다. 반대쪽 귀도 같은 요령으로 답니다.

58 완성된 모습입니다.

STEP 7 손뜨개 인형 실제로 만들기 213

LESSON 2
생쥐 인형

머리, 몸통, 귀, 팔, 다리, 꼬리 등 인형의 여섯 부위를 뜬 뒤에 각각을 감침질로 연결해서 완성합니다.
두 가지 색으로 나눠서 뜨기만 하면 되기 때문에 초보자도 쉽게 만들 수 있습니다.
기본 뜨개법을 활용해서 만들어보세요.

재료

병태사(흰색)
병태사(진녹색)
병태사(검은색)
솔리드 인형눈
구름솜
공예용 와이어

도구

코바늘 4/0호
돗바늘
가위
접착제
시침핀
펜치
마스킹 테이프

만드는 방법

① 뜨개도안을 참고해서 각 부위를 뜹니다.
② 머리에 솜을 채운 뒤, 벌어진 부분을 꿰매서 조입니다.
③ 팔·다리에 와이어를 넣으면서 솜을 채운 뒤, 몸통에 감침질로 답니다.
④ 와이어를 한데 모아 정리한 뒤, 몸통에 솜을 채웁니다.
⑤ 머리와 몸통을 감침질로 연결합니다.
⑥ 귀를 머리에 접어서 감치기로 달아줍니다.
⑦ 꼬리를 몸통 뒤쪽에 감침질로 답니다.
⑧ 코와 입을 수놓습니다.
⑨ 솔리드 인형눈을 접착제로 답니다.

머리(1개)
- 흰색

팔·다리(각 2개)
- 팔 : 흰색
- 다리 : 진녹색

꼬리(1개)
- 진녹색

※ 사슬뜨기 기초코 30코
기둥코 1코

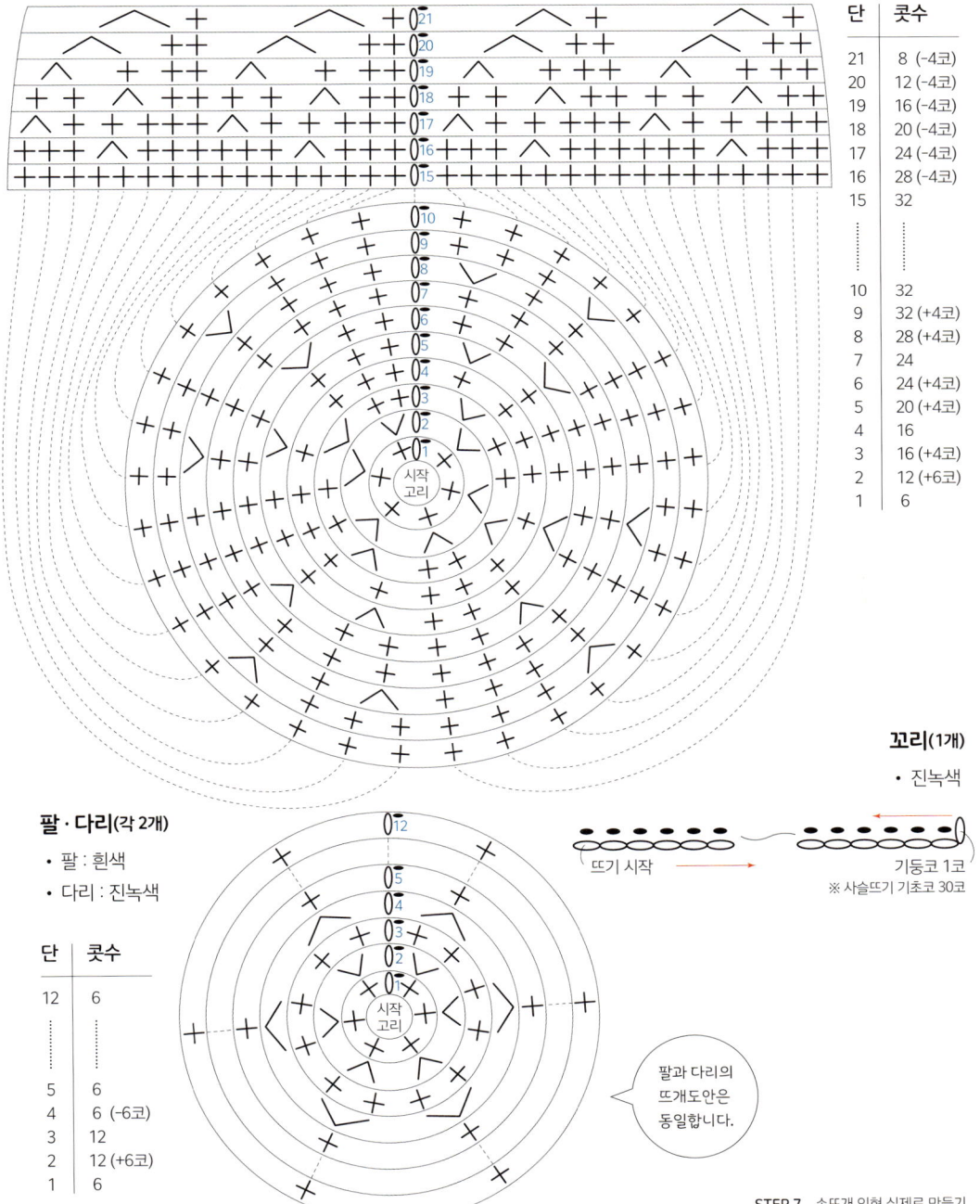

단	콧수
21	8 (-4코)
20	12 (-4코)
19	16 (-4코)
18	20 (-4코)
17	24 (-4코)
16	28 (-4코)
15	32
⋮	
10	32
9	32 (+4코)
8	28 (+4코)
7	24
6	24 (+4코)
5	20 (+4코)
4	16
3	16 (+4코)
2	12 (+6코)
1	6

단	콧수
12	6
⋮	
5	6
4	6 (-6코)
3	12
2	12 (+6코)
1	6

팔과 다리의 뜨개도안은 동일합니다.

STEP 7 손뜨개 인형 실제로 만들기

몸통(1개)

- 흰색 / 진녹색

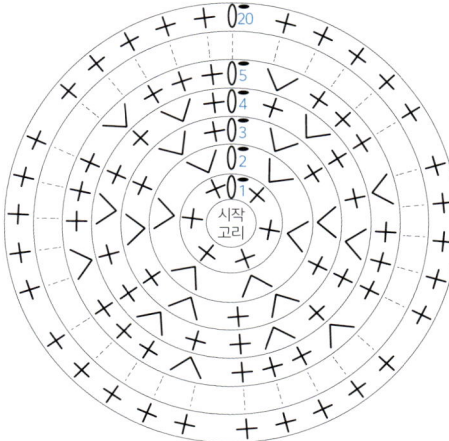

단	콧수	실 색상
20	30	흰색
⋮	⋮	
9	30	
8	30	
		진녹색
5	30 (+6코)	
4	24 (+6코)	
3	18 (+6코)	
2	12 (+6코)	
1	6	

귀(2개)

- 흰색

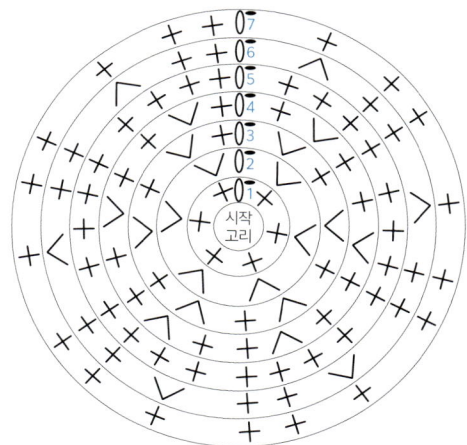

단	콧수
8	18
7	18 (-6코)
6	24
5	24
4	24 (+6코)
3	18 (+6코)
2	12 (+6코)
1	6

귀는 안쪽으로 눌러서 움푹 들어가게 한 뒤,
접어서 감치기로 달아줍니다.

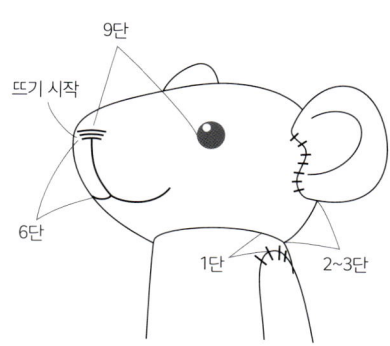

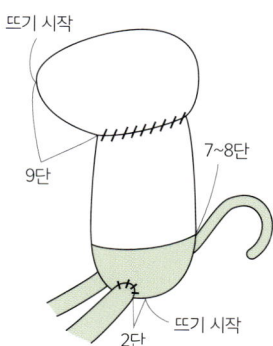

▶ 머리 뜨기

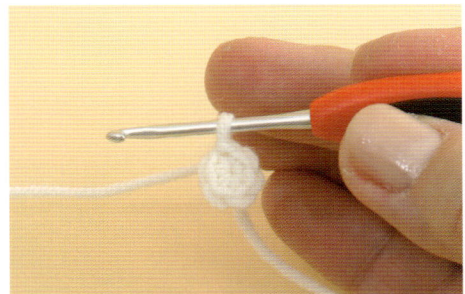

1 원형뜨기 기초코(→33쪽)를 만들어 1단을 뜹니다.

2 뜨개도안대로 9단까지 코 늘리기를 하면서 뜹니다.

3 10~15단까지는 코 늘리기를 하지 않고 뜹니다.

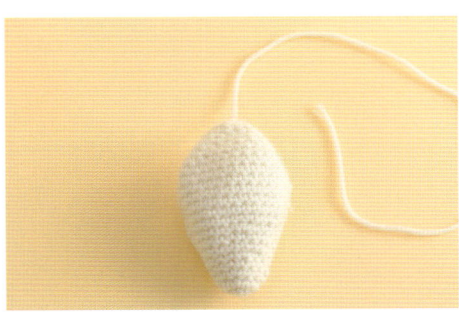

4 코 줄이기를 하면서 마지막까지 뜨고, 마지막은 사슬뜨기로 막기(→148쪽)를 합니다.

▶ 몸통 뜨기

5 진녹색 실로 원형뜨기 기초코(→33쪽)를 만든 뒤, 뜨개도안대로 8단까지 뜹니다.

6 9단이 될 때 흰색 실로 바꿉니다(→78쪽).

7 바늘에 실을 걸어서 흰색 실을 끌어냅니다.

8 첫 번째 코에 빼뜨기(→54쪽)를 해서 색이 바뀐 모습입니다. 계속해서 9단을 뜹니다.

▶ **팔·다리 뜨기**

9 흰색으로 뜬 모습입니다. 이후부터는 뜨개도안을 참고해서 흰색으로 끝까지 뜹니다.

10 다리는 진녹색 실로 원형뜨기 기초코(→33쪽)를 만들어 1단을 뜹니다.

11 뜨개도안을 참고해서 코 늘리기를 하면서 2단을 뜹니다.

12 뜨개도안을 참고해서 코 늘리기 없이 3단을 뜹니다.

13 코 줄이기를 하면서 4단을 뜹니다.

14 5단부터 12단까지는 증감 없이 뜹니다. 마지막은 사슬뜨기로 막기(→148쪽)를 합니다.

▶ 꼬리 뜨기

15 팔은 흰색 실을 사용해서 같은 요령으로 뜹니다. 실 끝은 길게 남깁니다.

16 진녹색 실로 사슬뜨기 기초코(→38쪽) 코를 만듭니다.

17 사슬뜨기(→39쪽)로 30코를 뜹니다.

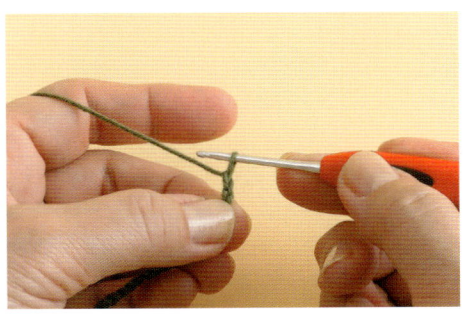

18 사슬 1코로 기둥코를 만듭니다.

STEP 7 손뜨개 인형 실제로 만들기

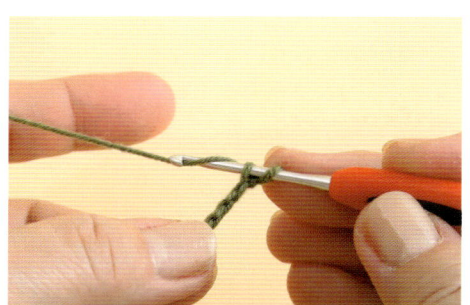

19 사슬의 사슬코 산에 바늘을 넣고 실을 겁니다.

20 그대로 빼뜨기(→54쪽)를 합니다.

21 같은 요령으로 계속 뜹니다.

22 30코를 뜨고 나면 마지막은 빼뜨기로 마무리합니다.

▶ **솜 채우기**

23 실 끝은 15cm 정도 남기고 자릅니다.

24 머리 부위에 솜을 채웁니다(→135쪽).

25 꼼꼼하게 솜을 채웁니다.

26 돗바늘에 실 끝을 꿴 뒤, 안에서 겉으로 빼냅니다.

27 겉에서 안을 향해 코를 한 바퀴 주워서 조여서 막기(→136쪽)를 합니다.

28 완전히 꽉 조입니다.

▶ 팔·다리 달기

29 실 끝은 솜 안에 통과시켜서 정리합니다(→153쪽). 머리가 완성되었습니다.

30 팔 2개, 다리 2개, 몸통, 공예용 와이어 4개를 준비합니다.

STEP 7

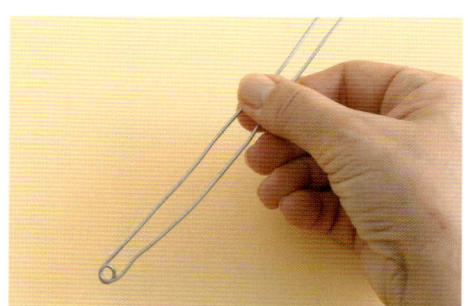

31 와이어는 중심에서 한 번 구부려서 고리를 만든 뒤, 반으로 접습니다(→140쪽).

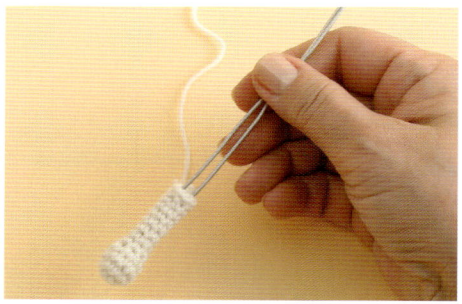

32 팔에 와이어의 고리 쪽을 끼워 넣습니다.

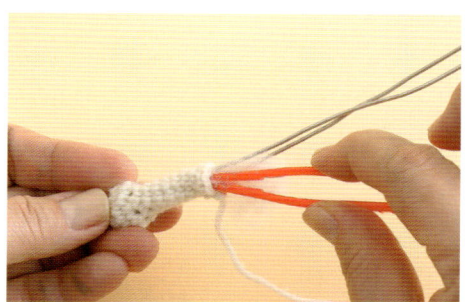

33 틈으로 솜을 채웁니다.

34 길게 남겨두었던 팔의 뜨기 시작 부분 실(또는 새로운 실을 돗바늘에 꿰서 매듭을 지어둔 것)로 팔의 끝부분과 와이어의 고리 부분을 두세 번 통과시켜서 와이어가 빠져나오지 않도록 고정합니다.

35 팔과 다리를 모두 같은 요령으로 준비해둡니다.

36 팔을 달아줄 위치의 편물 틈으로 와이어를 끼웁니다.

37 팔 뜨기 끝부분의 실을 돗바늘에 꿴 뒤, 몸통에 감침질로 답니다.

38 팔과 다리를 모두 단 모습입니다.

▶ **머리 달기**

39 4개의 편물에 들어 있는 와이어들은 한데 모아서 구부린 뒤, 마스킹 테이프를 감아 와이어의 끝부분이 편물 밖으로 나오지 않게 합니다.

40 몸통에 솜을 넣습니다. 머리 부분의 딱딱함과 비슷한 정도로 채워 넣습니다.

41 머리를 몸통 위에 올려놓고 연결할 위치를 정한 뒤, 시침 핀으로 고정합니다.

42 몸통 뜨기 끝부분의 실 끝으로 머리와 몸통을 감침질로 연결합니다.

STEP 7

▶ 귀 달기

43 머리를 단 모습입니다. 머리의 각도에 따라서도 인형의 느낌이 달라집니다.

44 귀 부분도 뜨개도안대로 뜬 뒤, 실 끝은 길게 남깁니다.

45 편물을 접고 가운데를 눌러줍니다.

46 머리 위쪽으로 귀를 달 위치를 정한 뒤, 시침핀으로 고정합니다.

47 귀의 실 끝을 돗바늘에 꿴 뒤, 뒤쪽에서 접어서 감치기(→124쪽)로 답니다.

48 얼굴 앞쪽에서도 같은 요령으로 답니다.

▶ 꼬리 달기

49 양쪽 귀를 모두 단 모습입니다.

50 꼬리의 실 끝을 돗바늘에 꿴 뒤, 엉덩이 위쪽에 꼬리 아래쪽부터 감침질로 달아줍니다.

51 2코 분량 정도를 감침질로 단 뒤, 반대쪽도 같은 요령으로 답니다.

52 꼬리를 단 모습입니다. 2코 분량 정도를 감침질로 달아주면 꼬리가 위쪽으로 향합니다.

▶ 자수 스티치로 코 만들기

53 얼굴에 코를 수놓습니다. 검은색 실로 V자 모양을 수놓습니다.

54 V자 안쪽을 메우듯이 새틴 스티치(→165쪽)를 합니다.

STEP 7

55 코 밑 라인을 스트레이트 스티치(→159쪽)로 수놓은 뒤, 입의 한쪽 끝부분으로 실을 빼냅니다.

56 코 밑 라인 안쪽으로 실을 통과시킨 뒤, 입의 반대쪽 끝부분에 돗바늘을 꽂습니다. 실 끝은 얼굴에서 약간 떨어진 위치에서 정리합니다(→153쪽).

▶ **눈 달기**

57 솔리드 인형눈을 얼굴에 대고 달아줄 위치를 정합니다.

58 위치를 정하고 나면 솔리드 인형눈 다리에 본드를 발라 편물 사이에 꽂습니다(→168쪽).

59 완성입니다. 팔다리에 와이어가 들어 있어서 앉거나 서 있는 자세, 팔이나 다리를 들거나 구부린 자세를 만들 수 있습니다.

LESSON 3
프릴 스커트를 입은 소녀

기본 뜨개법에 스커트, 손가락, 머리카락 등 응용 테크닉을 더해서 귀여운 소녀를 만들었습니다.
머리카락 패턴과 옷 색상을 바꿔서 나만의 인형을 만들어보는 건 어떨까요?

재료

합태사(살구색)
합태사(노란색)
합태사(하늘색)
합태사(갈색)
합태사(흰색)
합태사(빨간색)
코믹한 인형눈
구름솜

도구

코바늘 4/0호
돗바늘
가위
접착제
시침핀

만드는 방법

① 뜨개도안을 참고해서 머리와 몸을 뜬 뒤, 솜을 채웁니다.
② 머리와 몸을 감침질로 연결합니다.
③ 뜨개도안을 참고해서 팔과 다리를 뜬 뒤, 솜을 채웁니다.
④ 몸에 다리를 감침질로 답니다.
⑤ 몸에 스커트를 떠 넣습니다.
⑥ 몸에 손을 감침질로 답니다.
⑦ 코믹한 인형눈에 접착제를 발라서 머리에 부착합니다.
⑧ 코를 수놓아서 달아줍니다.
⑨ 귀를 접어서 감치기로 답니다.
⑩ 뒷머리는 프린지로, 앞머리는 자수 스티치로 만듭니다.

STEP 7

몸(1개)

- 노란색

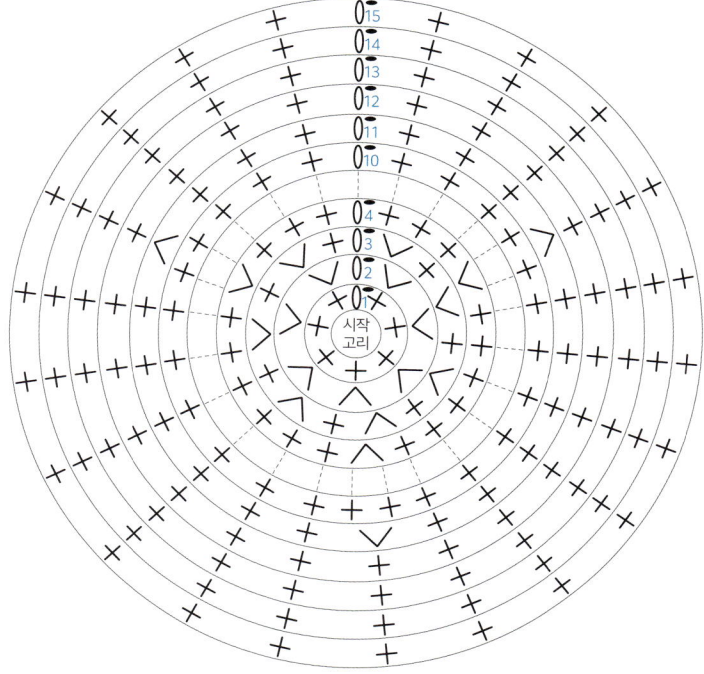

단	콧수
15	21
⋮	⋮
11	21 (-3코)
10	24
⋮	⋮
4	24 (+3코)
3	21 (+7코)
2	14 (+7코)
1	7

귀(2개)

- 살구색

뜨기 시작

스커트

- 하늘색

※ 몸의 8~9단 사이에서 코 줍기를 해서 떠 넣습니다.

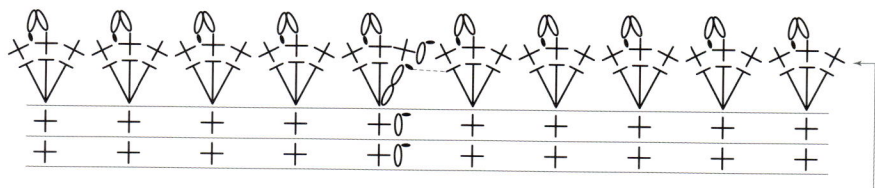

4단은 3단의 '긴뜨기 3코 늘려뜨기'의 코 늘리기 위쪽에, '짧은뜨기와 사슬 2코의 피코뜨기'를 뜹니다. 3코 1무늬입니다.

단	콧수
4	도안 참조
3	72 (+48코)
2	24
1	24

머리(1개)

- 살구색

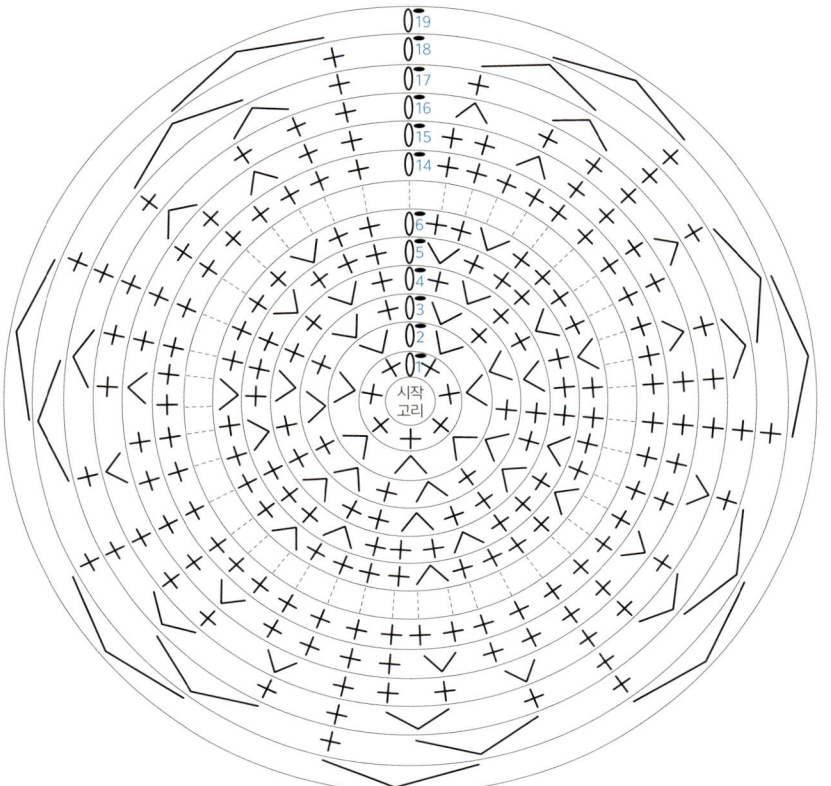

단	콧수
19	7 (-7코)
18	14 (-7코)
17	21 (-7코)
16	28 (-7코)
15	35 (-7코)
14	42
⋮	⋮
6	42 (+7코)
5	35 (+7코)
4	28 (+7코)
3	21 (+7코)
2	14 (+7코)
1	7

STEP 7

팔(2개)

- 살구색 / 노란색

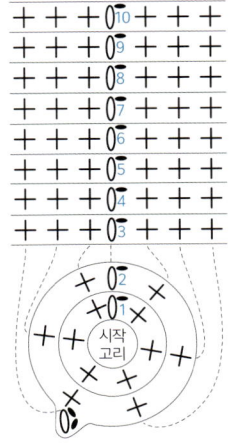

단	콧수	실 색상
10	6	노란색
⋮	⋮	
4	6	살구색
3	6	
2	6	
1	6	

다리(2개)

- 살구색 / 흰색 / 빨간색

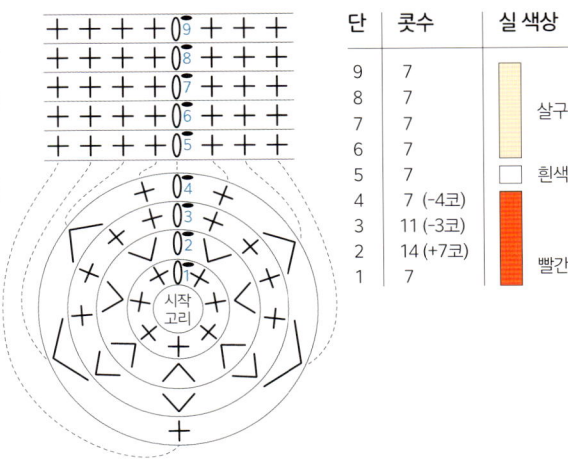

단	콧수	실 색상
9	7	살구색
8	7	
7	7	
6	7	
5	7	흰색
4	7 (-4코)	
3	11 (-3코)	빨간색
2	14 (+7코)	
1	7	

▶ 머리 뜨기

1 뜨개도안대로 코를 증감하면서 머리 부분을 뜹니다.

2 도중까지 뜨고 나면 잠시 바늘을 빼둡니다.

3 솜을 채웁니다(→135쪽).

4 마지막까지 뜹니다.

5 조여서 막기(→136쪽)를 합니다.

6 실 끝을 정리합니다(→153쪽).

▶ 몸통 뜨기

7 머리를 완성한 모습입니다.

8 뜨개도안대로 몸을 뜹니다. 마지막은 빼뜨기로 막기(→149쪽)를 합니다.

▶ 머리와 몸통 감침질로 연결하기

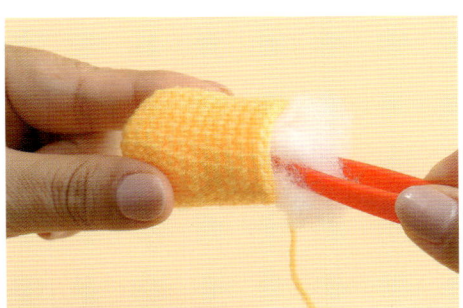

9 솜을 채웁니다.

10 8의 실 끝을 돗바늘에 꿴 뒤, 머리의 편물을 주워서 감침질로 연결합니다(→122쪽).

기둥코

11 머리와 몸통의 기둥코 위치를 맞추어 놓고 감침질을 합니다.

12 한 바퀴 빙 둘러서 머리와 몸통을 연결한 모습입니다.

▶ 팔·다리 뜨기

STEP 7

13 손끝부터 뜨개도안대로 뜹니다. 1단을 뜬 모습입니다.

14 뜨개도안대로 피코뜨기(→64쪽)를 넣어 엄지손가락을 만듭니다.

15 3단까지 떠서 손을 만들고 나면 노란색 실로 바꿔서 팔을 뜹니다.

16 팔을 뜬 모습입니다.

▶ 다리 달기

17 같은 요령으로 다리도 뜨개도안대로 뜹니다. 팔 2개, 다리 2개를 완성한 모습입니다.

18 다리의 실 끝을 돗바늘에 꿴 뒤, 몸 아랫부분의 앞쪽에 접어서 감치기(→124쪽)로 달아줍니다.

▶ 스커트 뜨기

19 다리를 모두 달아준 모습입니다.

20 몸의 8단과 9단 사이에 하늘색 털실을 이은 뒤, 가로로 코를 주워서(→133쪽) 짧은뜨기를 뜹니다.

21 짧은뜨기로 한 바퀴 빙 둘러서 뜬 모습입니다.

22 3코 1무늬의 가장자리 프릴(→98쪽)을 만듭니다. 먼저 짧은뜨기를 2코 뜹니다.

23 사슬 2코를 뜬 뒤, 뜨개코의 머리에 바늘을 넣고 빼내는 피코뜨기(→64쪽)를 합니다. 그러면 프릴 모양이 하나 생깁니다.

24 한 바퀴 빙 둘러서 가장자리 프릴을 뜬 뒤, 마지막은 실 끝을 10cm 정도 남기고 자릅니다. 실 끝을 돗바늘에 꿴 뒤 사슬뜨기로 잇기(→146쪽)로 코를 막고 실을 정리합니다.

STEP 7

▶ 팔 달기

26 몸과 팔의 앞뒤를 확인한 뒤, 팔 부분을 접어서 감치기(→124쪽)로 답니다.

25 프릴 스커트를 뜬 모습입니다.

▶ 눈·코 달기

27 코믹한 인형눈을 얼굴 위에 올려놓고 위치를 정한 뒤, 접착제로 답니다(→168쪽).

28 코는 불리온 스티치(→167쪽)로 만듭니다. 얼굴 중심에서 1코 옆쪽으로 돗바늘을 빼낸 뒤, 실을 다섯 번 감습니다.

29 감은 실을 누른 상태에서 돗바늘을 잡아당긴 뒤, 2코 띄워서 바늘을 꽂습니다.

30 얼굴에 눈과 코를 만든 모습입니다.

▶ 귀 달기

31 귀 부분을 뜨개도안대로 뜹니다. 실 끝을 돗바늘에 꿴 뒤, 얼굴에 감침질로 달아줍니다.

▶ 머리카락 달기

32 뒷머리는 프린지로 머리카락을 만들어 답니다(→176쪽).

33 프린지의 끝부분을 가지런히 자릅니다.

34 스트레이트 스티치(→159쪽)로 앞머리를 만듭니다. 프린지의 시작 부분이 눈에 띄지 않도록 그 위쪽을 스트레이트 스티치로 수놓아 메웁니다.

35 스팀다리미로 다려서 머리카락을 정돈합니다.

36 완성입니다. 다리를 몸통 앞쪽에 달아주면 인형을 앉힐 수 있습니다.

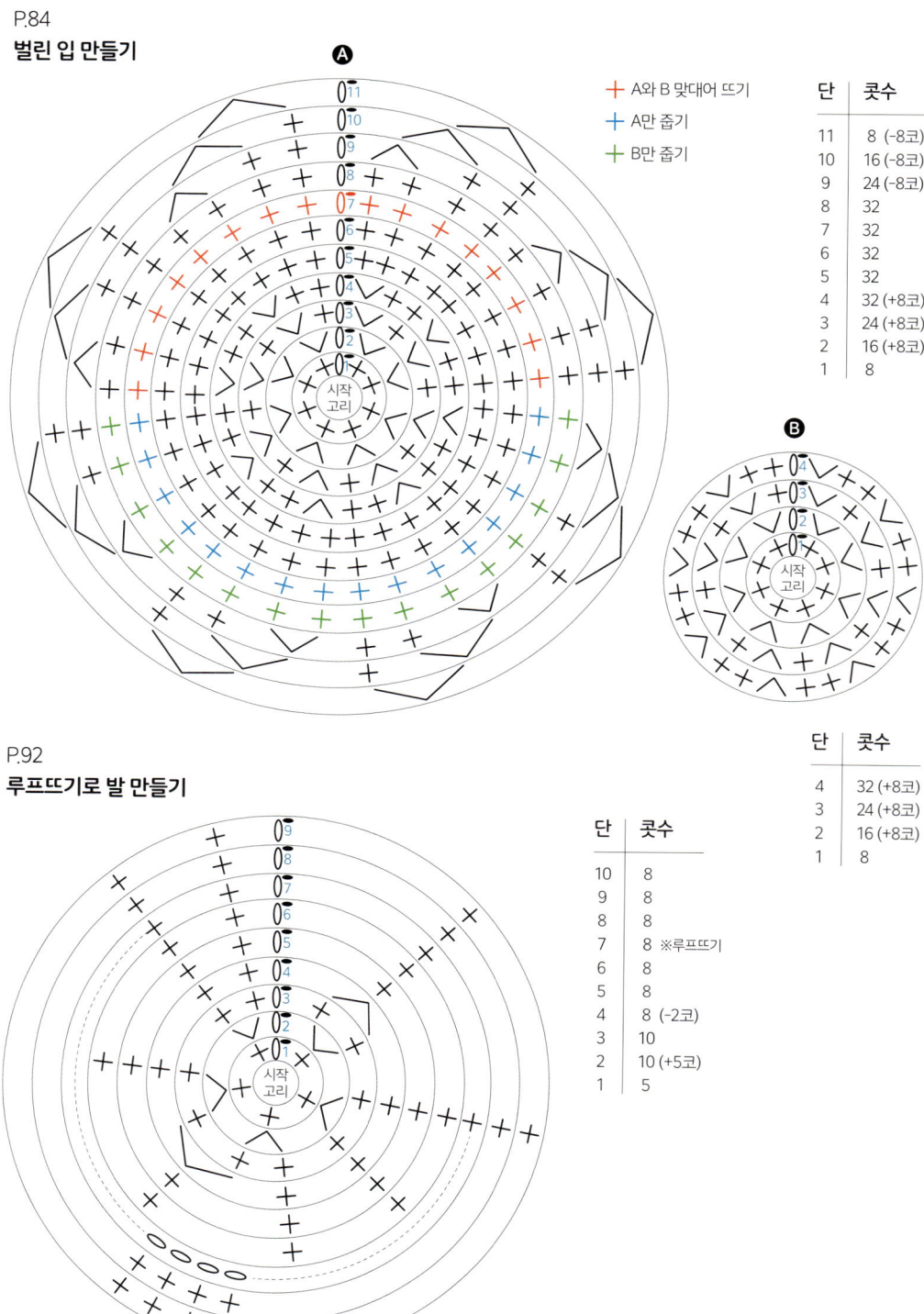

P.170
헬멧 모양으로 떠서 달기

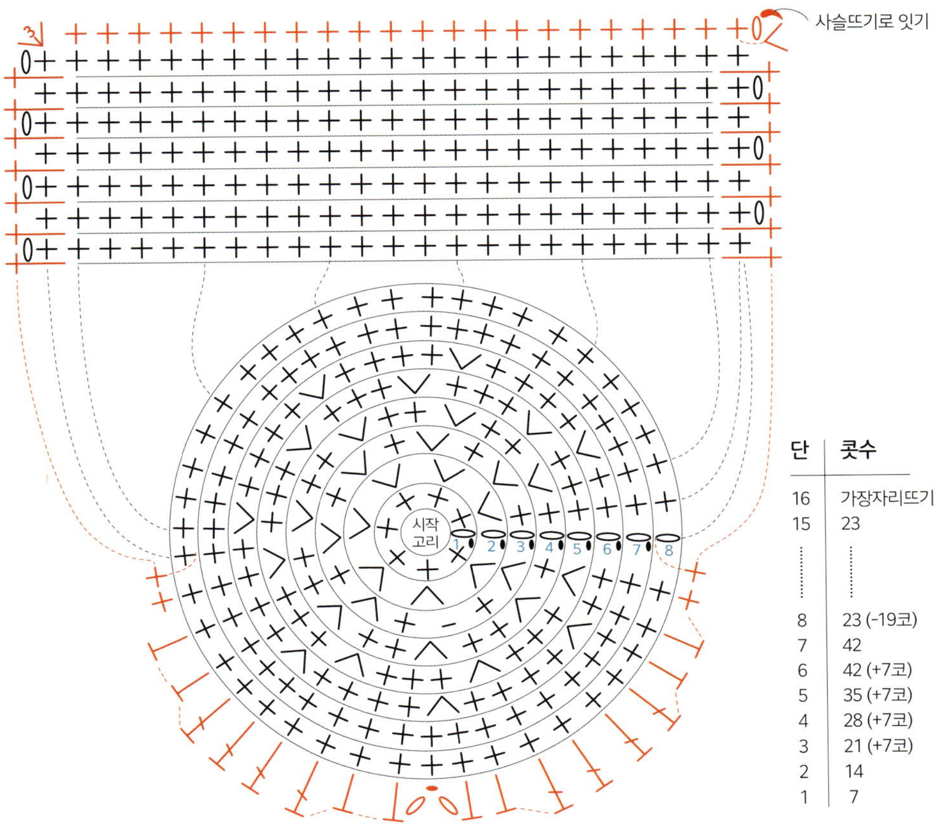

사슬뜨기로 잇기

단	콧수
16	가장자리뜨기 (빨간색 부분)
15	23
⋮	⋮
8	23 (-19코)
7	42
6	42 (+7코)
5	35 (+7코)
4	28 (+7코)
3	21 (+7코)
2	14
1	7

P.174
따로뜨기로 머리카락 만들기

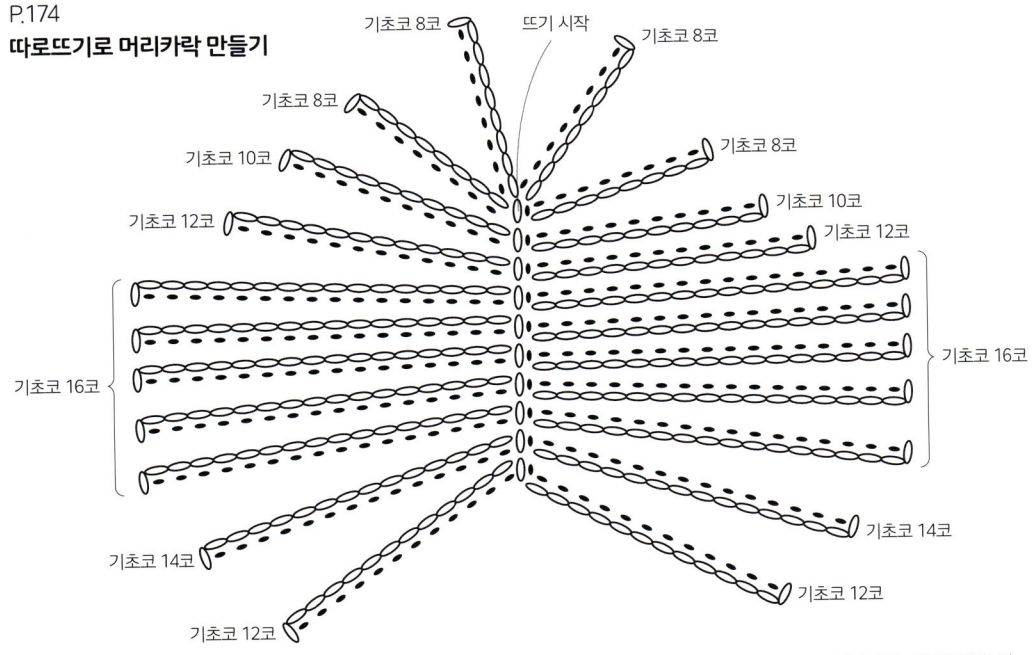

책에 나오는 편물의 뜨개도안

P.181
곰돌이 동전 지갑

- **본판(2개)** 하마나카 아미아미 코튼 6/0호 - 베이지색

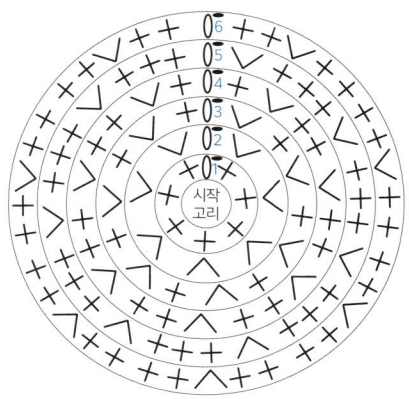

- **코(1개)** - 흰색

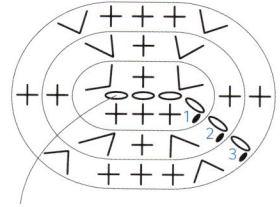

뜨기 시작
※ 사슬뜨기 3코 기초코

단	콧수
3	16 (+4코)
2	12 (+4코)
1	8

- **귀(2개)** - 연보라색

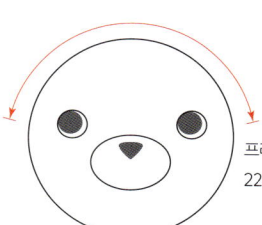

시작 고리에 6코 뜨고 있는 상태에서 끝냅니다.

프레임 다는 부분 22코 띄웁니다.

찾아보기

ㄱ

가위	18
감침질로 꿰매기	120
감침질로 연결하기(뜨개코 머리 두 가닥 모두 줍기)	126
감침질로 연결하기(뜨개코 머리 안쪽 한 가닥 줍기)	125
감침질로 연결하기(뜨개코 머리 앞쪽 한 가닥 줍기)	126
감침질로 연결하기(뜨개코 머리 남기고 감침질하기)	125
감침질로 연결하기	120
강력 접착제	18
걸러뜨기	82
걸러뜨기로 코 줄이기	71
겉코	39
게이지 이해하기	29
고리	27
공예용 와이어	23
구슬뜨기	86
귀 안쪽	26
귀	26
금속 부자재 : O링 달기	188
기둥코	27, 48, 49
기모 브러시	19, 113
긴뜨기	47, 49, 106
꼬임 휴대폰 줄	24
꿰매어 잇기	120-121
끈 만들기	103

ㄴ

넵 얀	25
눈·코 부자재 달기	168
눈·코 부자재	22
눈	26
눈의 위치	190
눈의 종류	190
눈의 크기와 색상	191

ㄷ

ㄷ자 모양으로 감치기	122
다리	26
단	27
단수링	19
단을 감추면서 뜨는 가장자리뜨기	66
단 도중에 색 바꾸기	79
단이 바뀔 때 색 바꾸기	78
단추	23
돗바늘	18
돗바늘로 매듭 만들기	119
돗바늘에 실 꿰기	118
되돌아 짧은뜨기	56
두길긴뜨기	52
두꺼운 종이 넣기	138
두꺼운 종이	24
뒤걸어뜨기	61, 108
뒤짧은뜨기	57, 116
떠 넣기(가로로 줍기)	133
떠 넣기(세로로 줍기)	132
뚜껑 달기	139
뜨개 기호	30
뜨개도안 만드는 방법	97
뜨개도안	28
뜨개용 시침핀	18
뜨개용 실 꿰기	19
뜨개코	27
뜨개코의 다리	27
뜨개코의 머리 안쪽	27
뜨개코의 머리 앞쪽	27
뜨개코의 머리	27
뜨기 끝	27
뜨기 시작	27

ㄹ

라메 실	25
러닝 스티치	158, 161
레이스 실	22
레이지데이지 스티치	158, 162
루프뜨기	62, 92
루프뜨기로 발 만들기	92
링뜨기	65, 109

ㅁ

만드는 방법 설명	28
말아 감치기	123
맞대어 뜨기	94
매듭	119
머리	26
머리카락 만들기(나누어 뜨기)	170
머리카락 만들기(따로뜨기로 머리카락 만들기)	174
머리카락 만들기(사과머리 만들기)	173
머리카락 만들기(실 묶음으로 머리카락 만들기)	171
머리카락 만들기(자수 스티치로 머리카락 만들기)	178
머리카락 만들기(포니테일 만들기)	172
머리카락 만들기(프린지로 머리카락 만들기)	176
머리카락 만들기(헬멧 모양으로 떠서 달기)	170
모루	23
모서리 각 잡기	99
모헤어 얀	25
몰 얀	25
몸통	26

ㅂ

바늘 잡는 법	32
발끝	26
방울 딸랑이	24
배	26
배색뜨기	80, 113-114
백 스티치	158, 164
버니어캘리퍼스	19
버블뜨기	111
벌린 입 만들기	84
벌어진 부분	27
변형 짧은뜨기	55
변형 플라이 스티치(V자)	158, 161
보풀 만들기	113
볼 체인	24
부리	26
불리온 스티치	158, 167
브로치 핀	24
비스듬해지는 뜨개코	29

비즈 넣어 뜨기	101
비즈	23
빼뜨기	54
빼뜨기로 막기	149
빼뜨기로 만드는 끈	103
삑삑이	24

ㅅ

사슬뜨기	39
사슬뜨기로 막기	148
사슬뜨기로 원형코 만들기	40
사슬뜨기로 잇기	146
사슬뜨기 기초코	38
사슬로 만드는 짧은뜨기	45
새우뜨기로 만드는 끈	104
새틴 스티치	158, 165
색 바꾸기	78-79
소리 나는 부자재 넣기	137
손	26
손가락 뜨기	93
솔리드 인형눈	190
솔잎뜨기	112
솜 채우기	135
솜	23
송곳	18
수예용 송곳	19
스레드 끈	103
스트레이트 스티치	158-159
스트레이트 얀	25
스팀다리미	18
시작 고리	27
시침핀	18
신발뜨기로 발 만들기	90
실 거는 법	32
실 끝 빼내는 법	32
실 끝 정리하기(솜에 끼우기)	153
실 끝 정리하기(편물 안쪽에 끼우기)	155
실 끝 정리하기(편물에 여유가 없는 경우)	156
실 붙이기	169
실 정리하기(감싸면서 뜨기)	152

실 정리하기(두 번 묶기)	150	줄자	18
실뜬개	19	지퍼 달기	185
쌀뜨기	108-109	지퍼	24
		짧은뜨기	44, 105

ㅇ

아크릴 펠트	23
아크릴 펠트로 색 입히기	180
안감 달기	187
안코	39
앞걸어뜨기	60, 107
앞줄기뜨기	59
와이어 넣기	140
와플뜨기	115
왕복뜨기	46
움푹하게 뜨기	100
원형뜨기 기초코(실 감아 원형코 만들기)	33
이어 붙이기(ㄷ자 모양으로 잇기)	129
이어 붙이기(뜨개코 머리 두 가닥 모두 줍기)	127
이어 붙이기(뜨개코 머리 두 가닥씩 모두 주워서 ㄷ자 모양으로 잇기)	130
이어 붙이기(뜨개코 머리 안쪽 한 가닥과 뜨개코 머리 두 가닥 모두 줍기)	128
이어 붙이기(뜨개코 머리 안쪽끼리 줍기)	127
이어 붙이기(뜨개코 머리 앞쪽끼리 줍기)	127
이어 붙이기	120
이중 O링	24
인형눈	190

ㅈ

자수 스티치로 볼터치하기	179
자수 시작하는 방법	157
자수 실	22
장식고리	24
접어서 감치기	124
접어서 꿰매기	95
조립도안	28
조여서 막기	136
주머니 달기	131
줄기뜨기	58, 107

ㅊ

체인 스티치	158, 163
초크펜	19

ㅋ

커버 타입으로 만들기	184
컬러솜	23
코 늘리기	68, 72, 86, 114
코 늘리기와 코 줄이기로 뜨는 구슬뜨기	86
코 막는 방법(빼뜨기로 막기)	149
코 막는 방법(사슬뜨기로 막기)	148
코 막는 방법(사슬뜨기로 잇기)	146
코 줄이기	69, 71-72, 86, 89, 114
코 줄이기로 발 만들기	89
코 줍기	83
코	26
코믹한 인형눈	190
코바늘	18, 20-21, 27
콧수	27
콧수표	28
크로커다일 스티치	110
크리스털 인형눈	190

ㅌ

타원뜨기 기초코	42
털실	22
테스트용 인형눈 세트	19
튀어나오게 뜨기	67

ㅍ

팔	26
팬시 얀	25

펜치	19
펠릿	23
펠트용 바늘	19
펠트지 붙이기	179
펠트지	23
편물에 직접 칠하기	180
평면끼리 감침질로 연결하기	125
포인트 도안	28
폼폼메이커	19
프레임 달기(꿰매는 타입)	183
프레임 달기(붙이는 타입)	182
프레임	24
프렌치너트 스티치	158, 166
프린지	96, 176
플라이 스티치	158, 160
피코뜨기	64, 93, 98
피코뜨기로 가장자리 프릴 만들기	98
핀셋	18

ㅎ

한길긴뜨기	50, 106, 115-116
한길긴뜨기의 무늬뜨기	115-116
합체하기	134
휴대폰 줄	24

기타

O링	24, 188